天津北京指南

[日]上野太忠——【编著】
李蕊　卢茂君——【译】

民国时期北京日文文史资料翻译丛书

中央财经大学外国文学译丛
中央高校基金科研业务费资助
北京市优秀人才培养资助
中央财经大学学院科研支持计划资助

知识产权出版社
全国百佳图书出版单位

图书在版编目（CIP）数据

天津北京指南/（日）上野太忠编著；李蕊，卢茂君译．—北京：知识产权出版社，2017.9

（民国时期北京日文文史资料翻译丛书）

ISBN 978－7－5130－5174－3

Ⅰ.①天…　Ⅱ.①上…②李…③卢…　Ⅲ.①北京—地方史—史料②天津—地方史—史料　Ⅳ.①K291②K292.1

中国版本图书馆CIP数据核字（2017）第238931号

内容提要

本书于20世纪20年代初版发行，是以商务、观光为目的的天津及北京指南。书中内容分为“天津部分”和“北京部分”两大板块，从水路交通、街市概况、工商业状况以及名胜古迹、娱乐设施等方面详细介绍了当时两座城市的风貌。书中数据和图表资料丰富，内容客观、真实。对了解民国时期的天津、北京提供了珍贵的史学参考。

该书在译制过程中参考了ゆまに書房2012年出版《天津北京案内》，特此表示感谢。

责任编辑：冯　彤　　　　**责任校对：**谷　洋
装帧设计：张　冀　　　　**责任出版：**刘译文

天津北京指南
［日］上野太忠　编著
李　蕊　卢茂君　译

出版发行：知识产权出版社有限责任公司　　网　　址：http：//www.ipph.cn
社　　址：北京市海淀区气象路50号院　　邮　　编：100081
责编电话：010－82000860转8386　　责编邮箱：fengtong@cnipr.com
发行电话：010－82000860转8101/8102　　发行传真：010－82000893/82005070/82000270
印　　刷：三河市国英印务有限公司　　经　　销：各大网上书店、新华书店及相关专业书店
开　　本：880mm×1230mm　1/32　　印　　张：11.5
版　　次：2017年9月第1版　　印　　次：2017年9月第1次印刷
字　　数：210千字　　定　　价：68.00元
ISBN 978-7-5130-5174-3

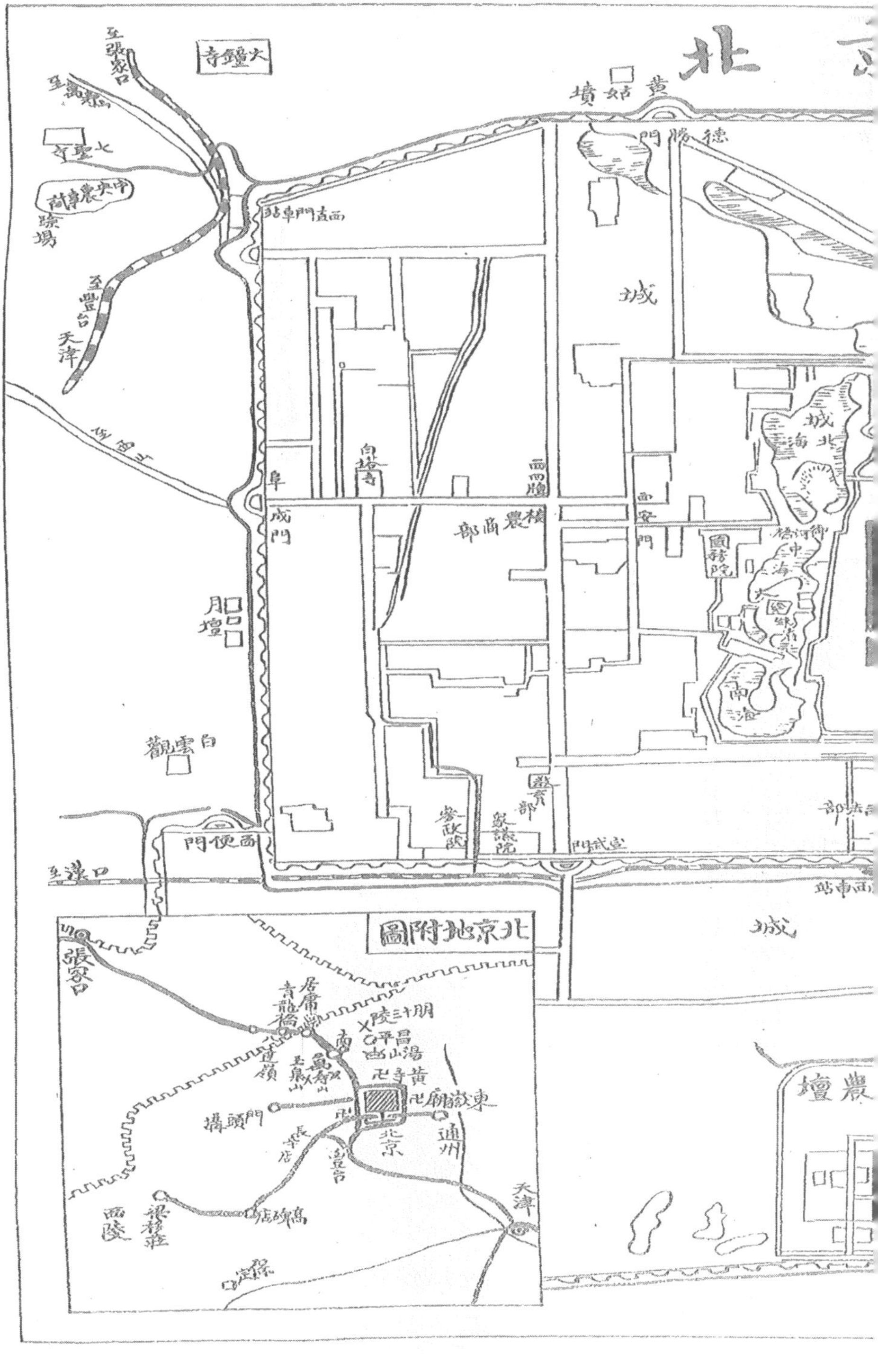

北
大鐘寺
至張家口
七聖寺
中央農事試驗場
至豐台天津
西直門車站
黄姑墳
德勝門
城
白塔寺
阜成門
西四牌樓
農商部
西安門
國務院
北海
中海
南海
月壇
白雲觀
西便門
至漢口
教育部
參議院
眾議院
宣武門
西車站
城
農壇
北京地附圖
張家口
居庸關
青龍橋
八達嶺
明十三陵
南口
昌平
湯山
黄寺
玉泉山
萬壽山
東嶽廟
門頭溝
長辛店
北京
通州
豐台
天津
高碑店
西陵
梁格莊
保定

京地圖

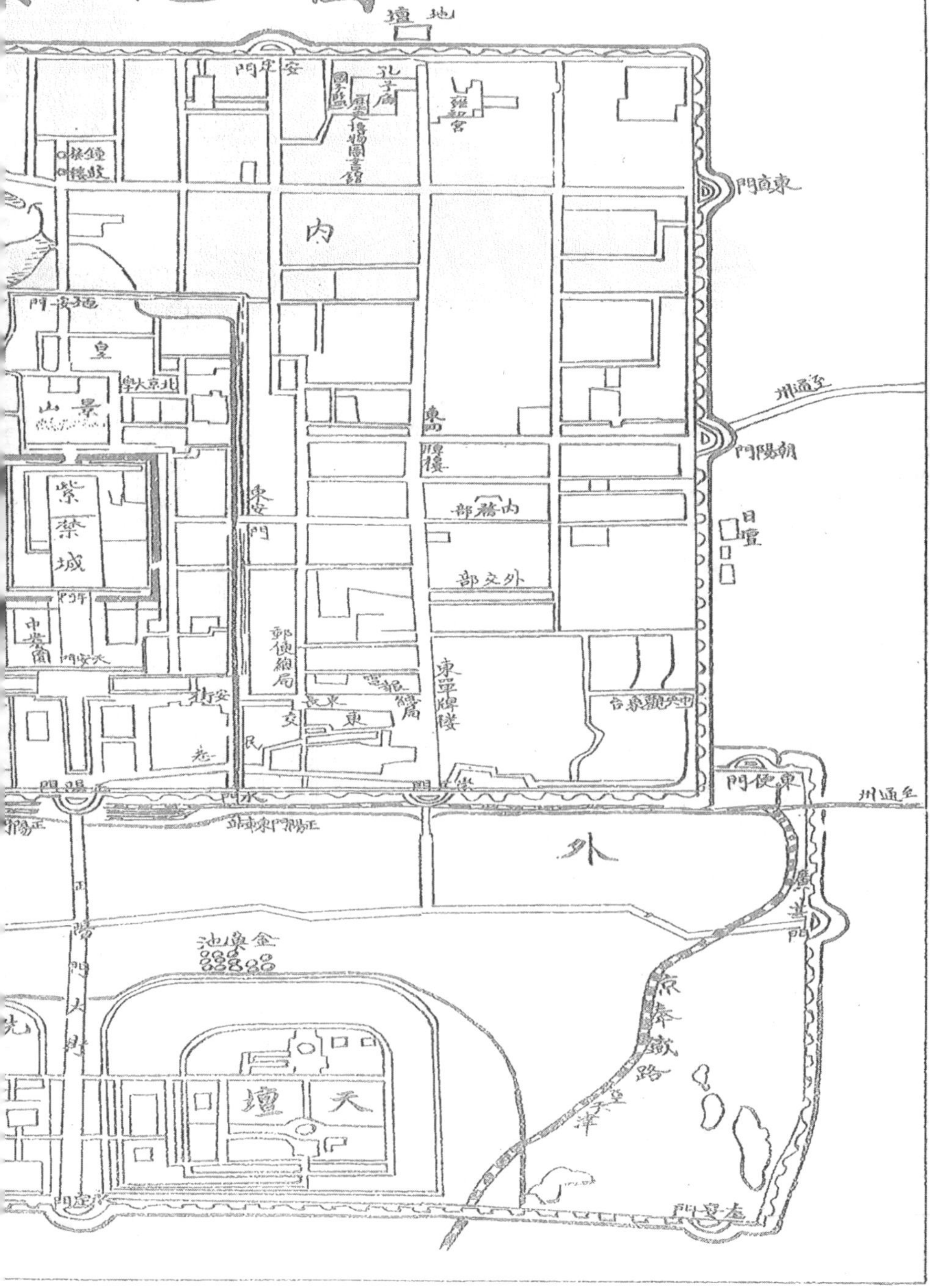
地壇
安定門
孔子廟
國子監
雍和宮
鐘樓
鼓樓
東直門
內
北京大學
景山
紫禁城
東安門
東四牌樓
內務部
外交部
朝陽門
至通州
日壇
郵便總局
電報局
東單牌樓
東長安街
東交民巷
正陽門
水門
崇文門
東便門
正陽門東車站
外
廣渠門
金魚池
京奉鐵路
至天津
天壇
永定門
左安門

天津北京案内

天津日本总领事馆

天津日租界公会堂

天津日本人小学校

天津大和公园

天津日本租界旭街

天津大连汽船码头

天津大阪商船码头

天津日本邮船码头

天津神社

天津日本租界局

驻屯军司令部

天津法租界万国桥

天津东停车场

天津日本租界埠头

天津白河结冰时的状态

秦皇岛栈桥

天津河北公园

天津李公祠

天津清真南寺

天津河北大胡同

直隶省长衙门远望

天津中国街东北城角

天津津浦铁路总局

天津中国街估衣街

天津意大利租界

天津维克多利亚街

大沽炮台远望

天津旧德意租界

北京东交民巷

北京观象台的天体仪

北京正阳门

北京紫禁城内承运殿

北京宫城琼华岛

北京天坛祈年殿

北京西山碧云寺

北京雍和宫大佛

八达岭万里长城

明十三陵的石象

北京郊外万寿山

北京郊外玉泉山天下第一泉

北京郊外万寿山的石船

北京西角楼

北京日本公使馆

自　序

中国已是世界各国争霸的舞台，在第一次世界大战结束后，列强的争夺战在中国愈演愈烈。利用中国丰富的自然资源以及众多的人口，开展各种事业再合适不过，日本的资本家也开始在中国寻找适宜的投资之地。活力无限的广阔天地，让日本青年大有可为。可以说，对中国是否了解是关系到日本兴衰的事儿，同时，也对日本国民的命运有着至关重要的影响。正因如此，近年来，日本带有特殊的目的或者单纯为了旅行而访华的人日益增多。但凡我们所能接触之处，遍布着学者、政治家、企业家乃至学生、艺人、穷游者等各个阶级、各种职业的人士。然而，由于缺少中国相关知识背景，即使是需要漫长时日和巨额经费的旅行，也常常因为不得要领而功亏一篑。

笔者虽然不能称为中国通或者天津北京通，以隗始之厚颜，不问访客、旅居，主要围绕北方最大商业口岸——天津的工商业以及首都北京的各处名胜编撰了这本指南。自古以来，天津和北京的指南书都不少。在本书编写之初，对于是做成一部网罗北京、天津地区所有相关细节的大册子还是做简单概览的小册子，在两者之间举棋不定。然而，随着中国北方的开发，特别是天津的发展，同时鉴于日本和中国北方之间交通愈加发达，急需对旧指南中诸多不足之处进行订正补足，总之，决定先编纂一部简单的概要以满足急用，日后再着手编著详细的指南。因此，本书主要致力于普及当地特有事物的现状，至于其历史沿革、中国人的生活状态、风俗习惯、信仰、共性、家庭制度、社会机制、政治机制、产业机制及其他中国北方的物产、主要的贸易品等详细信息，有的进行了简单的总结，有些则予以省略。故而，对于希望进一步深入研究当地文化的人而言，本书则有过度简单之嫌。如果这些内容能够填补几分上述不足，则是万幸。

本着这样的目的，本书的第一版于大正九年 11 月正式付梓。然而，意识到付梓之后各个方面都发生了巨大的变化，所以，进行本次的订正增补，决定再版发行。

以下书籍和文献为本书的编纂提供了巨大的帮助，在此列出，谨谢先觉之恩。

《中国导览》（铁道省编著）；《天津的商业势力范围》（天津日本总领事馆编著）；《北清的商业》（奥田氏编著）；《中国税关及通关手续》（上海日本人实业协会编著）；《津门杂记》（李氏编著）；《中国在留日本人名录》

（金风社编著）；《天津志》及《北京志》（“中国驻军司令部”编著）；《天津案内》（中东石印局编著）；《青岛》（中国经济社编著）；《北京》（丸山昏迷著）；《中国经济全书》及《中国省别全志》（东亚同文会编著）；North China Hong - List 1922。

大正十一年[1]7 月
编者记

[1] 1922 年。
全书脚注皆为译者注。

例　文

一、本书如序言所说，主要以天津的工商业以及北京的风景名胜为主要内容进行编著。

二、不断变化是世事的常态，特别是殖民地的现状，因此即便是希望努力传达描述现状，在本书撰写期间也未免不断发生变化，未能订正之处，还请诸位读者见谅。

三、在目前主要店铺项目中，尽力对各类店铺进行详细分类，但某些店铺类别不详而使编撰过程出现困难。最为难的是，各种店铺混杂在一起，不加分类地罗列上去虽然便于编辑，但是，太过混乱会给读者带来诸多不便，所以，最终便以营业种类分类罗列。对店铺分类选录的指责是作者必须接受的事实，笔者已经做好思想准备。而且，对于相当有实力的店铺有可能出现记载遗漏之处，对此深表歉意。

目　　录

第一篇　天津部分
（附秦皇岛、大沽、塘沽、山海关）

第二篇　北京部分

第一篇

天津部分
（附秦皇岛、大沽、塘沽、山海关）

第一章　天津概况

第一节　交　通

第一项　水　路

【从日本直达天津】日本邮船公司横滨至中国北方线（由横滨出发，经由名古屋、四日市、大阪、长崎、大连，隔船靠港抵达天津及牛庄；回程是经由牛庄、大连、长崎、神户，回到横滨。每月往返3次，花咲丸1456吨，高砂丸1676吨，相扑丸1833吨）、大阪—天津线（大阪、神户、门司至天津往返，每5天出航；淡路丸1940吨，营口丸1842吨，芝罘丸1829吨；各船均有无线电通信设备）、大阪商船公司的大阪—天津线（大阪、神户、门司至天津往返；每月出航6次，长沙丸2540吨，大智丸1202吨，河南丸2560吨）等都是以天津为终点。从关门出发经由朝鲜多岛海到七发岛，同大连方向的航路一样，由此出发，在茫茫大海航行20个小时出黄海，沿着山东岬角航行。接着背对刘公岛的灯塔再航行两三个小时，从船的左舷遥望，芝罘的圆崖映入眼帘。此地环抱渤海，可谓南北交通的要冲。从船的右舷望去，青螺一抹，更远的地方便是辽东半岛。从庙岛列岛的岛间驶过，用14个小时将渤海的浊水甩在身后，就抵达了白河河口的大沽锚地。从大沽乘着水流，利用涨潮，过闩州抵达河口。从大沽大坝到天津码头共36海里，过了右岸旧炮台的潮水信号标识，就可以看到左岸大沽的街道，便抵达土屋矮门鳞次栉比的河岸一带。再航行半小时，就能在船的右舷看到塘沽码头了。之后再航行1小时有余则到了著名的新河桃林。在它的上游则是白河工程局斥巨资建成的数条运河。这样，从大沽出发大约4个小时，船就驶入天津，左岸是旧德、英、法的租界地，右岸就是俄租界的建筑，此处与法租界的紫竹林码头相接。从门司出发的商船公司船只（平均速度10海里）大约航行3个半昼夜，邮船公司船只（平均速度12海里）大概为3个昼夜的行程。

【从大连到天津】大连汽船公司的安东—天津线（安东、大连、天津之间往返，每月出航6班以上，天潮丸1620吨，济通丸1062吨，长平丸1997吨）以及之前所说的邮船公司横滨至中国北方线（每月3班）航行。从大连出发航行一昼夜抵达天津，停泊在旧德国租界的码头。

【从上海、青岛及其他南方地区到天津】大阪商船公司的高雄—天津线（高雄、基隆、福州、上海、青岛、天津、大连之间往返，每月定期 2 班，临时 1 班，湖北丸 2610 吨，福建丸 2568 吨，盛京丸 2565 吨）、招商局的上海—天津线（上海、芝罘、天津间往返，每月 1 ~ 4 班，新铭 1846 吨，新济 2233 吨，胜太 1625 吨，爱仁 780 吨，新丰 1846 吨）、太古洋行的上海—天津线（上海、威海卫、芝罘、天津之间往返，每月 2 班，奉天 1765 吨，顺天 1758 吨，通州 2036 吨，盛京 1650 吨）以及香港—天津线（香港、威海卫、天津之间往返，每月 1 班，贵州 1992 吨，徽州 1993 吨）、怡和洋行的上海—天津线（上海、威海卫、芝罘、天津之间往返，每月 2 班，官升 2130 吨，景星 1983 吨，怡生 1781 吨）和香港—天津线（香港、芝罘、天津之间往返，每月 1 班，昌升 1989 吨，积升 1984 吨）等 6 条航线的汽船运行。全部停泊在英法租界的码头。

客船运费及里程表

DKK 大连方向运费表（鹰洋）		
船名	一等	三等
天潮丸	2200	750
济通丸	2200	750
长平丸	2500	850
天津—上海		
长平丸	6500	2350

NYK 横滨至中国北方线里程表

1851	1653	1426	1168	722	447	244	牛庄
1607	1409	1182	942	478	203	大沽	
1404	1206	979	739	275	大连		
1129	931	704	464	仁川			秦皇岛
665	467	240	门司			大连	140
425	227	神户			长崎	577	717
198	四日市			门司	154	731	871
横滨			神户	240	394	971	1111
		横滨	350	590	744	1321	1461

NYK横滨至中国北方线运费表（一等大约为三等运费的3倍）（元）																
															横滨	
													四日市	名古屋	150	300
											神户		150	300	300	600
									下关	门司	300	550	400	800	550	1100
							长崎		200	400	450	900	600	1200	750	1500
					仁川		600	1200	600	1200	800	1600	950	1850	1100	2150
	大沽（天津）	秦皇岛	大连		600	1200	1000	1700	1000	1700	1200	2000	1350	2300	1500	2600
			550	1200	1000	2000	1550	3200	1550	3200	1750	3600	1900	3900	2050	4200
营口（牛庄）	400	1200	550	1200	1000	2000	1550	3200	1550	3200	1750	3600	1900	3900	2050	4200
	三等	二等	三等	二等	三等	二等	三等	二等	三等	二等	三等	二等	三等	二等	三等	二等

- 餐饮：各等均提供日式料理
- 往返船票：有效期限为 3 个月；各等返程航线票价减免 10%（但只在日本各港口之间以及仁川各港口之间发行）
- 儿童票价：未满 12 岁儿童半价

  未满 4 岁儿童限免 1 名，其余为票价的 1/4

NYK大阪—天津线运费表（元）						
				神户		大阪
	下关		门司	350	700	1300
天津	1550	3200	6000	1750	3600	6600
	三等	二等	一等	三等	二等	一等

- 餐饮：一等：西餐

  二等及三等：日式料理
- 儿童票价：未满 12 岁半价

  未满 4 岁儿童限免 1 名，其余为票价的 1/4

OSK 天津—阪神线票价表（日元）		
☆ 全部航线有日式餐饮提供，特等票仅晚餐为西餐 ☆ 特等票的乘客若希望三餐为西餐时，则往关门方向追加 6 日元，往阪神方向追加 8 日元		
	大智丸、大信丸	河南丸
天津 — 关门	特等　4000 一般　1700	特等　4400 一般　1900
天津 — 阪神	特等　4500 一般　2000	特等　4900 一般　2200

OSK 天津—高雄线票价表（鹰洋） ☆ 一、二等为西餐，三等为日式餐饮					
天津 大连	一等 2200 二等 1500 三等 750	天津 上海	一等 6600 二等 4400 三等 2200	天津 基隆	一等 9000 二等 6000 三等 3000
天津 青岛	一等 4200 二等 2800 三等 1400	天津 福州	一等 7800 二等 5200 三等 2600	天津 高雄	一等 10200 二等 6900 三等 3400

• 儿童未满 12 岁为半价，未满 4 岁限 1 名免票，其余为票价的 1/4

• 往返船票，返程 9 折，有效期 90 天

OSK 大阪—天津线里程表（英里）			
			大阪
		神户	14
	门司	240	254
天津	830	1070	1084

OSK 上海—大连间里程表（英里）			
			上海
		青岛	394
	天津	485	718
大连	245	269	919

【经内河航路到天津】天津与内地之间相互交通的河

流有四条，即白河干流、南运河、西河、东河。四条河流汇于天津市北部的红桥、省长衙门以南以及金家窑北部，于大沽入海。此河被称为海河，为白河的干流。所有的民船从这里通过。①白河干流。以天津为中心，其上游被称为北运河，更下游的地方被称为海河。这便是白河的干流，原先是中国中部地区通往北京的贡粮要道，在京奉铁路开通后虽不似往日光景，但各种船舶依然往来频繁。由于海河以河道迂回蜿蜒、河沙沉淀著称，因此，其修整、疏浚掌控船舶的自由往来，与天津的贸易有着密切的联系。为此，海河工程局应运而生，数十年专心于海河的水利工程。②南运河。与北运河相对而得名，被称为“大运河”。同时也被称为“御河”或者“卫河”。这条贯通天津以南至山东临清的运河发源于遥远的河南省卫辉府，至临清州西门外，与从南方修建而来的运河相汇。该运河大小民船往来频繁，实际上成为贯通山东与天津的大运河。从临清出发，顺运河而下，抵达天津的民船需要一周时间，如果逆流行驶则需要 10 ~ 15 天。特别是天津到德州大约 150 多英里，宽 150 英尺甚至 200 英尺，吃水 2 英尺以上的小型汽船可以自由航行。③西河。又名子牙河。发源于山西省的子牙河，其干流与众多支流合流，在天津汇入白河。自古以来，由于天津与保定之间的交通非常便利，即便两地间铁路通车，大小民船的往来也极为频繁。④东河。又名芦台运河，金钟运河，作为天津与北塘间（铁路距离35英里）的运河，是与从芦台到北塘的蓟运河脉络相通的重要运河。其河道宽大约1000英尺，水深三四英尺，特种构造的戎克（牛舌船）经常聚集于此。上述四条水路的客货运交通，无论将来铁路如何发展，由于其低廉的运费和人们一直以来的习惯，一定不会迅速衰落。

第二项　陆　路

【从奉天以及其他满洲地区到天津的铁路】从奉天方面到天津的路线有从奉天直接经京奉线到天津，以及从大石桥营口出发，到京奉线的沟帮子再到天津的两条线路。以下就是京奉铁路以及南满铁路的列车时刻表。

（一）京奉铁路列车时刻表（民国十年1月1日订）

上行旅客列车（○标记为上午；●标记为下午）									
列车次数	第1次	3次	5次	7次	9次	17次	101次	103次	105次
类别 / 站名	每周周四	每日快车	每日慢车	每日慢车	每日慢车	每日慢车	每日快车	每日慢车	每日慢车
北京正阳门	○ 3:00	○ 8:25	● 4:25	○ 5:45	● 1:55	○ 10:35	● 8:10	…	…
丰台	…	8:57	4:58	6:24	2:45	11:55	8:49	…	…

续表

上行旅客列车（○标记为上午；●标记为下午）									
列车次数	第1次	3次	5次	7次	9次	17次	101次	103次	105次
类别 / 站名	每周周四	每日快车	每日慢车	每日慢车	每日慢车	每日慢车	每日快车	每日慢车	每日慢车
天津总站	6:40	11:15	7:11	9:19	6:00	● 4:25	11:30	…	…
天津东站	7:10	11:30	7:25	9:33	6:15	4:40	12:55	…	…
塘沽	…	12:24	…	10:42	…	5:35	○ 1:59	…	…
唐山	9:45	● 2:15	…	● 1:00	…	8:30	3:20	…	…
山海关	● 1:10	6:25	…	5:25	…	…	8:35	○ 4:45	● 10:15
锦州	5:32	11:40	…	…	…	…	● 1:05	10:15	12:45
沟帮子	7:08	1:30	…	…	…	…	2:35	12:10	5:35
奉天	○ 0:10	7:25	…	…	…	…	7:55	● 6:25	○ 11:30

下行旅客列车（○标记为上午；●标记为下午）									
列车次数	第2次	4次	6次	8次	10次	16次	102次	104次	106次
类别 / 站名	每周周五	每日快车	每日快车	每日慢车	每日慢车	每日慢车	每日快车	每日慢车	每日慢车
奉天	○ 0:55	○ 8:10	…	…	…	…	○ 9:55	○ 6:00	● 3:50
沟帮子	7:14	1:40	…	…	…	…	● 3:15	● 0:25	○ 9:45

续表

下行旅客列车（○标记为上午；●标记为下午）									
列车次数	第2次	4次	6次	8次	10次	16次	102次	104次	106次
类别 / 站名	每周周五	每日快车	每日快车	每日慢车	每日慢车	每日慢车	每日快车	每日慢车	每日慢车
锦州	8:45	3:30	…	…	…	…	4:55	2:30	11:40
山海关	● 1:20	○ 9:10	…	○ 5:50	…	…	10:00	7:57	4:48
唐山	4:35	12:50	…	10:30	…	6:15	○ 3:05	…	…
塘沽	…	2:51	…	● 1:04	…	9:30	5:22	…	…
天津东站	7:20	3:55	○ 9:10	2:20	○ 4:10	● 6:27	6:40	…	…
天津总站	7:35	4:00	9:20	2:30	4:30	6:45	7:00	…	…
丰台	…	6:44	…	5:46	8:17	11:40	9:41	…	…
北京正阳门	10:30	7:15	● 0:05	6:35	9:15	…	10:20	…	…

（二）南满洲铁路列车时刻表（大正十年12月1日修订）

北行列车（○标记为上午；●标记为下午）											
站名 / 行车编号	大连	熊岳城	营口	大石桥	鞍山	辽阳	奉天	开原	四平街	公主岭	长春
5	○ 8:30	● 1:54	…	3:32	5:26	6:15	8:40	○ 0:10	3:33	5:22	7:20
1	● 7:00	○ 0:28	…	2:10	4:08	4:58	7:25	10:27	● 1:22	3:18	5:00
3	● 10:00	○ 3:36	…	5:20	7:15	8:05	● 10:40	1:45	4:45	6:31	8:20

南行列车（○标记为上午；●标记为下午）											
站名 行车编号	长春	公主岭	四平街	开原	奉天	辽阳	鞍山	大石桥	营口	熊岳城	大连
2	○ 9:50	● 11:50	● 1:35	4:24	7:50	9:55	10:39	○ 0:33	…	2:29	7:40
4	● 1:30	3:33	5:23	8:10	11:35	2:00	2:58	5:27	…	7:28	● 0:40
6	● 11:00	○ 0:52	2:29	5:02	8:20	10:17	11:01	● 0:55	…	2:48	8:00

南行列车				
站名 行车编号	奉天	安东	京城	釜山
奉安间 206 釜安间 6	○ 9:00	● 6:40	○ 7:20	● 6:50
奉安间 202 釜安间 2	● 9:00	○ 7:10	● 5:50	○ 5:50

北行列车				
站名 行车编号	釜山	京城	安东	奉天
釜安间 5 奉安间 205	○ 11:00	● 11:00	○ 11:10	● 7:30
釜安间 1 奉安间 201	● 11:00	○ 10:00	● 9:50	○ 6:20

【从上海、南京以及青岛经由济南到天津的铁路】从上海和南京出发则可以经由津浦线直接抵达天津（但是上海和南京间则是经由沪宁线，乘车地点在南京对岸的浦口），从青岛出发则可沿山东线，在济南转津浦线抵达天津。以下则是津浦线以及山东线的列车时刻表。

（一）津浦线铁路列车时间表（民国十年1月1日）

下行列车（○标记为上午；●标记为下午）										
站名 下行车	天津东站	天津总站	天津西站	德州	济南	兖州	徐州	蚌埠	浦口	接续列车
1次特别快车	● 2:00	2:20	2:35	7:47	10:21	○ 2:34	6:31	10:04	● 3:30	沪宁12次
3次快车	○ 9:35	10:00	10:16	● 4:32	7:44	○ 12:36	5:28	10:37	● 4:15	沪宁16次
5次	● 8:15	8:40	8:57	○ 3:40	○ 7:45	● 2:45	● 7:00	● 1:30	9:13	
11次	● 6:25	7:08	7:39	6:30	1:30	…	…	…	…	

上行列车（○标记为上午；●标记为下午）										
站名 下行车	浦口	蚌埠	徐州	兖州	济南	德州	天津西站	天津总站	天津东站	接续列车
2次特别快车	● 5:05	9:39	1:16	5:25	9:38	12:25	● 5:54	6:16	6:50	
4次快车	○ 9:30	● 3:20	7:40	○ 0:50	6:00	8:58	● 3:14	3:35	3:45	京奉4次
10次	○ 6:40	● 2:49	○ 6:28	● 1:10	9:45	1:19	7:43	8:05	8:15	
12次	…	…	…	…	○ 7:00	11:51	● 10:47	11:21	11:30	

（二）山东铁路列车时刻表

济南发后	11:00	青岛抵达前	9:30	青岛发前	8:00	济南发后	6:30
济南发前	8:00	青岛抵达后	6:30	青岛发后	9:30	济南发前	8:30

【从北京方向到天津的铁路】天津至北京间参见上文所提到的京奉线。正如后文所述，北京的铁路不仅可以南至汉口，北至张家口，也可以从石家庄（京汉线上的一站）转正太线抵达山西省的太原府。以下则是京汉线列车时刻表（民国十年3月14日修订）。

下行列车（○标记为上午；●标记为下午）

站名/车次	北京前门	长辛店	保定	石家庄	新乡	郑州	信阳	汉口江岸	汉口大智门
1次快车	● 10:00	10:44	● 1:37	5:15	● 1:59	● 4:40	● 1:58	8:52	9:00
3次快车	● 11:00	11:59	○ 3:15	7:32	● 7:15	9:55	○ 7:42	● 3:30	● 3:40
5次	11:50	12:50	● 5:01	● 9:49	7:29	10:32	● 9:51	5:35	5:45

上行列车（○标记为上午；●标记为下午）

站名/车次	汉口大智门	汉口江岸	信阳	郑州	新乡	石家庄	保定	长辛店	北京前门
2次快车	● 12:00	12:24	5:57	● 12:41	5:37	2:31	6:08	8:56	9:30
4次	● 11:00	● 11:14	○ 7:22	12:26	● 9:40	○ 7:25	11:56	● 3:50	● 4:38
6次	○ 11:00	○ 11:14	● 7:22	3:21	9:00	● 9:55	2:27	5:45	6:30

【铁路乘车运费表】

表一

	天津总站	天津西站	北京	塘沽	秦皇岛	山海关	沟帮子
天津东站发一等席	0.20 鹰洋	0.40	5.20	1.70	9.55	10.55	19.30
天津东站发二等席	0.15 鹰洋	0.30	3.25	1.05	6.20	6.60	12.35
天津东站发三等席	0.10 鹰洋	0.20	1.75	…	…	…	…

表二

	奉天	营口	济南	蚌埠	浦口	汉口	张家口
天津东站发一等席	26.30 鹰洋	23.30	13.30	31.75	38.25	47.70	13.20
天津东站发二等席	16.40 鹰洋	14.50	8.85	21.15	25.50	31.60	8.60
天津东站发三等席	…	…	4.45	10.60	12.75	15.90	4.40

各地间	北京汉口间	北京张家口间	北京上海间	北京济南间	济南青岛间	南京上海间	奉天大连间	奉天安东间	奉天长春间
一等	43.50 鹰洋	8.10	51.65	18.30	14.30 元	8.40 鹰洋	12.32 元	8.51	9.47
二等	29.00 鹰洋	5.40	32.80	11.95	7.20 元	4.20 鹰洋	8.63	5.69	6.63
三等	14.50 鹰洋	2.70	16.50	6.10	…	2.10 鹰洋	4.93 鹰洋	3.41	3.79

【中日联合运输】日本铁路省所管辖的东海道、山阳以及九州各线与朝鲜、满洲地区所在的主要线路，和中国

官营的奉京、京绥、京汉、津浦、沪宁以及沪杭甬各线之间，发行有互相直达的联运乘车券，省去了各个乘车区间不断重新购票的不便。

（一）联运路线。如下表所示，该联运车票于表中所载的各地停车场以及市内营业所发售。但是，如果运输路线中包含轮船线路，需经由海港（如神户、长崎、汉口、上海等地）出发，则可在相应的汽船的售票处购买乘车券（下表中的点状线表示水上航线）。

（二）联运票的种类。一、二、三等均有单程、往返、团体票以及中日周游等各个种类。单程以及往返票针对在上述路线中，除去日本邮船以及日清轮船的航线，其余的铁路联运区间发售，单程票（40 天内有效）为普通票价之和，往返票（110 天内有效）则为普通票价之和的 80%。同时，经由本项所述线路，10 人以上的团体中日往返或环游旅行，根据人数以及区间，购买团体票（有效期限 2 个月），可以享受 25% ~50% 的减免优惠。

（三）中日环游票。从日本国内出发，周游朝鲜、“满洲”以及中国的主要铁路沿线各地，其往返路线中任意一条为乘坐海上渡轮返回出发地的环状旅游路线的旅客，为方便出行，环游票的有效期限为 4 个月。同时针对特定的两种线路，以铁路票价的 70%、渡轮票价的 75% 发售。两

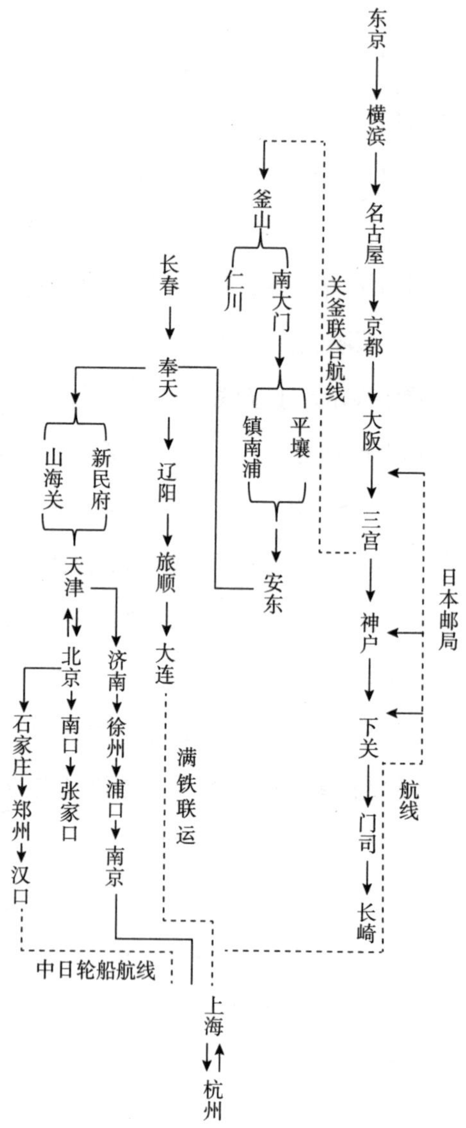

东京
横滨
名古屋
京都
大阪
三宫
神户
下关
门司
长崎
日本邮局
航线
关釜联合航线
釜山
仁川
南大门
平壤
镇南浦
安东
长春
奉天
辽阳
旅顺
大连
满铁联运
新民府
山海关
天津
北京
济南
石家庄
南口
徐州
张家口
浦口
郑州
南京
汉口
中日轮船航线
上海
杭州

种路线分别为：(1) 之前的中日联运线路表中，沿着从日本出发地发出的箭头方向，经由朝鲜、“满洲”抵达北京，从北京经京汉线到汉口，再乘坐日清公司的轮船顺长江而下，由上海乘坐日本邮船返回出发地点——或其相反路线；(2) 从日本出发地到北京的路线同 (1) 线路一致，从北京返回天津乘坐津浦线抵达浦口、南京，经由沪宁铁路抵达上海，之后与 (1) 路线相同返回出发地——或其相反路线。

【以天津为中心的主要道路】(一) 马场道。马场道起于天津正西门，向西南方经由郭家村、圈店子以及唐官屯延伸至马场。(二) 山东路。山东路始于天津正西门，向西南方延伸，沿南运河的东岸，经过静海县抵达山东省德州市。(三) 保定道。保定道始于正西门或者小西门，向西南方经过杨柳青、独流镇、文安县以及高阳，延伸至保定府。另外，此路还有由杨柳青跨过南运河向西抵达霸州的岔路。(四) 北京路。北京路始于北营门，向西北经由西沽、杨村、武清县抵达终点北京，以及从堤上门[1]出发向西北方向延伸，经由北仓、杨村、南蔡村、河西务以及运楼店抵达终点北京共两条路线。前一条路线当中，有一条从杨村向北抵达宝坻县，还有一条从西沽背向抵达永清

[1] 翊运门的俗称。

县以及固安县的两条岔路。后一条线路从河西务出发有两条分支，一条是沿着白河抵达通州，另一条是横跨白河抵达香河县。（五）山海关路❶。从山海门出发，向东北延伸，经过芦台、马城镇以及昌黎县抵达山海关。（六）塘沽道❷。旧路是从直沽门出发，沿着白河北岸经过陈家嘴、新河抵达塘沽；新路是从直沽门出发，向东南经过大直沽以及军粮城抵达塘沽。（七）大沽路。从梁园门出发向东南方向延伸，沿着白河南岸经过白塘口、咸水沽以及新城抵达西沽以及东沽。这条路又被称为海大道。上述各路线均通马车。由于路面均无覆盖，特别是在雨季，不仅道路泥泞阻塞，由于白河以及南运河没有架设桥梁，所以车马需用渡船过河，极为不便。

第二节　抵达天津

第一项　停车场—码头—电车—汽车以及车马费

【停车场】天津是京奉线的主要车站之一，同时也是津浦线的北端始发站，从奉天满铁车站抵达 455.5 英里的

---

❶ 不详。

❷ 不详。

天津东站大约需要 20 个小时。京奉线奉天或北京方向的旅客到达天津有两处车站：一为接近各国租界地的天津东站（又称“老龙头火车站”）；二为出入中国街坊市井较为便利的天津总站。两处车站与津浦线列车衔接均较便利。经津浦线——上海、南京、浦口以及青岛方向由主线路抵达天津的旅客，也可在上述两个车站中的任意一站下车，此外，津浦线专用的天津西站坐落于天津街市的西郊。此处最为需要日本人以及其他外国人注意的是，无论从哪个方向来，均应在天津东站下车。因为其他车站距离各国租借地均有两英里以上之远，于车马交通上颇为不便。上述所有车站，均停靠待客的人力车以及马车。特别在东站，距离市内的轻轨电车仅有数步之遥，实为便利。

【码头】从海路到天津，在大沽海域换乘轮船登陆塘沽，再换乘汽车到天津，或者直接乘坐轮船沿白河逆流而上，于天津紫竹林码头登陆。还有，除了邮船公司的横滨北中国线之外的船舶，多数在天津停靠。然后各船舶公司停靠的码头分布在各租界内，邮船公司和商船公司在法国租界内，招商局、太古洋行、怡和洋行在英国租界内，大连汽船公司则在旧德国租界内。

【电车】北大关—旧奥地利租界—意大利租界—东车站（红色），北大关—日本租界—法国租界—东车站（蓝色），北大关—日本租界—法国租界—海关附近（黄色），天主堂前（法国租界）—东车站（绿色）以及旧城外环线（白色）五条线路。票价为 2 ~ 4 仙❶，换乘需要另外加付票款。

【汽车以及车马费】从东站到日本租界的运费，普通人力车需要 10 仙至 20 仙，马车为 1 鹰洋。人力车包车 1 小时 20 仙，半天 80 仙，1 天 1 鹰洋 20 仙。马车包车半天 2 鹰洋，1 天 4 鹰洋，另付小费 1 鹰洋。汽车 1 小时 3 鹰洋，1 天 25 鹰洋。接送单程 1 鹰洋 50 仙，另加小费 1 ~ 3 鹰洋。

第二项　护照以及随身携带品过关

【护照】在天津、上海等中国的通商地区内旅行、居住、创业是自由的，但若要离开这些地区去往中国内地旅行，则需要持有由帝国领事馆发行，经由相关中国官府背书的护照（旅行券）。该护照持有者不仅可以在护照所限定的期间和护照记载地区内进行商业或者游览为目的的自由旅行，同时中国官府有对持有人提供适当保护的义务。

【关税】旅行者在入港地区（经铁路进入中国则在车站内部）需要接受海关对随身携带的一应物品进行检查。

❶ 旧时对百分之一鹰洋的音译简称。

只是（该过程）并不会感到手续繁杂的不便，在明确所携随身物品为自用品后不必纳税。

第三项　旅　馆

【欧式旅馆】利顺德饭店（Astor House Hotel，英国租界）的主体是一座规模宏大的三层建筑，酒店拥有大小客房60余间，正对维多利亚公园，具有极佳的眺望视野，住宿费用为美式客房一等8鹰洋、二等7鹰洋以上，特等则需16鹰洋左右，酒店还有旅客接送服务的专用汽车。裕中饭店（Imperial Hotel，法国租界）的设备齐全程度以及建筑壮美程度不亚于前者。美式特等房间10鹰洋、一等8鹰洋、二等6鹰洋。大来太酒店（Hotel de la Paix Wagons－Lists，法国租界）拥有客房26间，美式房间的住宿费为4鹰洋以上。其他的还有俄国酒店（Grand Hotel，东站附近）、搭克饭店（Darcs Haoee，英国租界）、中外饭店（法国租界）、Pension Bonrgeoise（法国租界）等酒店。

【日本旅馆】常盘旅馆（日本租界寿街，电话108、3750）拥有大小客房15间。大和旅馆（日本租界花园街，电话3630）拥有大小客房11间，酒店内部兼有纯日式和欧式餐厅与接待室。含两餐的住宿费，特等房8鹰洋、一等房5鹰洋、二等房4鹰洋、三等房3鹰洋以上。其他还有芙蓉馆（日本租界宫岛街，电话41）、松岛馆（日本租界松岛街，电话365、4507）、弥生馆（日本租界松岛街，电话2286）、玉屋旅馆（日本租界曙街，电话538）、太阳馆（日本租界花园街，电话1675）。

【中国客栈】 位于外国租界的中国客栈有中国旅馆（法国租界）、佛照楼（法国租界）、长发栈（法国租界）、永和栈（旧俄国租界）、春兴栈（旧奥地利租界）、德义楼（日本租界）、乐利旅馆（日本租界）、三新公司新旅社（日本租界）、中华旅馆（日本租界）、息游别墅（日本租界）、大东旅社（日本租界）、雅园旅馆（日本租界）等，设备相对比较完善，任何酒店均有客房30～50间，是中国官员的住宿场所。含三餐的住宿费为1鹰洋到1鹰洋50仙。在中国街的酒店有会宾（估衣街）、德祥（新铁桥西）、醒华（元纬路）、金台（元纬路）、迎宾（元纬路）、欣安（元纬路）、四合（北门西）、源隆（针市街）等20余家以外，小客栈还有100多家。仅住宿费就需要20～50仙，对于外国人而言投宿不是很方便。

第四项　餐　馆

【西餐馆】 除前一项所记载的利顺德饭店、裕中饭店、中外饭店等兼营的饭店之外，还有东轩（日本租界，电话

3877）、新湖月（日本租界，电话 2452）、三新公司（日本租界）、德义楼（日本租界）、华楼（南市）、广隆泰（法国租界）等。一餐所需费用一般为 1 鹰洋 50 仙至 ~2 鹰洋。

【日本餐馆】神户馆（电话 38）、神户馆分馆（电话 1024、2591）、敷岛（电话 186、302）均为天津一流的日本餐馆，有大小日式客房约 30 间。其他还有菊屋（电话 228）、万梅（电话 1983）、待宵（电话 1853）、中家（电话 861）、八千代（电话 82）、金龙（电话 1794）、鱼新（电话 2610）、伊丹幸（电话 340）、叶奈屋（电话 2443）、鹰之羽（电话 42）、东轩（电话 3877）、岩仓（电话 2066）、新湖月（电话 2452）、东一（电话 1633）、平乐园、更料（电话 488）、玉川（电话 880）、竹岛楼等。除了神户馆分馆以外，其余的餐馆均在日本租界的曙街一带。每餐费用为 1 鹰洋 50 仙到 2 鹰洋。

【中国餐馆】中餐馆有天津菜、山东菜、宁波菜、广东菜、四川菜、回族菜（羊肉馆）等菜系。一桌菜价格为五六鹰洋到二三十鹰洋，除此之外，还可以随意点菜小酌。1 元以内便可以一人独酌或两人对酌，非常便利。著名的餐馆如下：天津菜——聚和成（南市）、聚庆成（归贾胡同）、聚升成（江叉胡同）、义和成（南市）、义升园（南市）、鸿升园（候家后）、德升园（候家后）、鸿宝楼

（日本租界）；山东菜——松竹楼（南市）、全聚德（南市）、同和楼（南市）、天源楼（候家后）、文兴楼（候家后）、鼎和居（南市）；宁波菜——聚丰园（日本租界）、聚乐园（南市）；广东菜——岭南楼（南市）、余香楼（南市）、津华馆（南市）；四川菜——百花村（日本租界）；回民菜——鸿宴楼（日本租界）、长春楼（南市）、会芳楼（南市）、宾宴楼（乐壶洞）、晋阳楼（南市）、登瀛楼（南市）等。

第三节　街市概况

第一项　梗　概

【地理位置】天津位于东经 170 度 03 分、北纬 39 度 04 分。距离北京 87 英里，距离上海 754 海里，距离门司 830 海里，距离奉天 435.5 英里。而且，其街市正好分布于从渤海直隶湾的巨江、白河河口逆流而上约 37 海里的白河与南运河相交的三岔口的上下游两岸，总面积 1300 余坪[1]，是中国北部最大的商埠。绕区一周约 15 英里。

---

[1] 1 坪 =3.3 平方米。

【历史沿革】此地在夏朝时期（公元前2000年）❶为冀州的属地，西周时期（公元前1100年）❷隶属于幽州。其“天津”的地名始于明初（公元1368年）设置的天津三卫镇，而后闽（福建）、粤（广东）、吴（江苏）、齐（山东）等各地的民众移居此地，逐渐形成了街市，永乐二年（公元1404年）修筑城防，改称天津卫城。之后到了清朝，雍正三年（公元1725年）改设州，于雍正十年（公元1732年）改称天津府，最近又成为津海道下属的天津县。最初该地开辟为外国商埠是公元1860年，在英法联军攻占北京签订条约之后，英法两国便设立租界，开始从事商贸活动。之后于光绪二十六年（公元1900年）平定义和团后，日、俄、德、奥、意、比利时等各国均在此处设立了租界，并开始着手经营，同时军队开始驻扎于此以保护各国居民。

【气候风土】天津附近没有山川丘壑，一望千里。属大陆性气候，四季温差显著，夏季如百度以上炎热酷暑，而冬季气温却在零度以下，河川结冰，不得通船。并且昼夜温差大，相差50度的情况并不稀奇。空气干燥，降水少，即便无风，沙尘亦难绝。春秋二季，著名的蒙古风从北方卷尘而来，天地为之昏暗。由于土质为含沙黏土性，

❶ 现代史学家定义的夏朝年代约为公元前21世纪至公元前16世纪。
❷ 现代史学家定义的周朝时期约为公元前1046年至公元前771年。

树木发育极差，故而在此处便见不到如日本那般古木交错繁盛、满地绿荫之趣。以下就是最近5年的平均气温表。

气温表　　（单位：华氏摄氏度）

	1月	2月	3月	4月	5月	6月	7月	8月	9月	10月	11月	12月
1917年	20.8	27.3	39.9	55.6	64.6	77.7	80.4	79.3	68.7	56.7	40.3	24.1
1918年	28.7	31.3	43.0	55.4	64.2	75.6	79.3	76.2	69.4	57.6	38.7	26.6
1919年	19.8	32.0	43.9	57.6	66.6	76.0	80.4	81.1	70.0	57.4	41.5	28.0
1920年	26.2	25.3	43.0	59.2	70.7	75.7	82.0	80.4	67.6	61.9	44.4	29.8
1921年	26.6	31.3	40.6	55.6	66.0	73.4	79.0	75.9	69.4	55.5	40.1	30.2

【人口】虽然不太准确，但依据最新的调查显示，天津全市人口约75万，应该与实际相差不远，其中外国人约1万（依据大正十一年4月的调查：日本人5077人，英国人1324人，法国人247人，德国人229人，俄国人1200人，美国人1237人，意大利人108人，奥地利人15人，比利时人267人，其他国家195人）。并且，天津的中国人除了常住人口以外，还有从春季开始外出务工、冬季归乡过年的流动人口，大约3万人。住在天津的日本人在各国租界分布情况如下表：

日本人各国租界分布情况　　（单位：人）

	户口数	男（人口数）	女（人口数）	合计
日本租界	1291	2268	2082	4350
英国租界	50	72	78	151

续表

	户口数	男（人口数）	女（人口数）	合计
法国租界	111	215	118	333
旧德国租界	25	34	33	67
旧俄国租界	17	22	24	45
意大利租界	12	18	15	33
旧奥地利租界	—	—	—	—
中国街	45	48	50	98
合计数	1551	2677	2400	5077

【标准时间】当地的标准时间迟于日本标准时间 1 小时，以西部标准时间为准。以天津的正午 12 时为标准，其他地区时间如下：天津——正午 12 时；京奉线——正午 12 时；上海——正午 12 时；日本内地——午后 1 时；朝鲜——午后 1 时；哈尔滨——午后 12 时 23 分；南满洲铁路——正午 12 时；伦敦——上午 4 时；纽约——夜间 11 时。

第二项　街　区

【中国街区】中国街区的面积共计 570 余万坪，分为城里、城外、河北、狮子林、金家窑、窑溇、河东以及其他 4 个小街区的 11 个区。

所谓城里（城内），即指旧城墙以内的城区，几乎位于全市的中央位置，呈东西走向的长方形。如今城墙以及曾经四个方向的城门已经被拆除，取而代之的是马路，电车在周围环线运行。城内有中国官府机构、学校以及官绅的住宅等多种建筑，鲜有商店，但如中央十字街上鼓楼一般的中国风建筑却不少。这样，街头的繁华便多见于城外。特别是从与日本租界北侧相接的东门外到南运河右岸的北门外一带，是天津最为繁华的商圈。这里有众多的中国商铺、银行，行人摩肩接踵，热闹非凡。与北门外相对的南运河左岸，即河北区，由北大关出发一路向北延伸的河北大街，则是到北郊西沽以及津浦线天津西站的主干道。狮子林和金家窑位于从河北区北端延伸而出的三岔河的中洲地区，其与河北区的交界处就是河北大胡同，由金华桥和金钢桥两座铁桥连接南北两岸。窑洼就位于其北方对岸一带。此地是袁世凯任直隶总督时所创设的模范街市，沿着金刚桥北畔倾斜向东北方向延伸的大经路一直前行，就到了天津总站，再往北则是一部分尚未开发的地区，大多是一些为了适应新时代所建设的各种官署、工厂、学校、医院等多种设施。还有李公祠、河北公园以及曹家花园等景区也在此区。在窑洼的东南、金钟河的对岸便是河东区了。虽然其南端与旧奥地利的租界相邻，但原本就是比较荒凉的街区，所以与剩下的四个小街区，就不一一赘述了。

【外国租界】外国租界位于中国人街区的南部，三岔口下游、白河（又称海河）干流的两岸，总面积共计 373 万余坪。日本、法国、英国三国租界地位于河流的右岸，由西北向东南依次延伸，旧德国租界（特别第一区）则位于偏南一角。白河干流的左岸从三岔口正下方至下游，则依次为旧奥地利租界、意大利租界、旧俄国租界、比利时租界四个租界区。划分齐整的各个租界区，贯通马克当路面❶的大小街道。租界内的主干道两旁排列着高楼的欧式立柱。但是，比利时租界以及旧俄国租界以南的大部分地区还见不到任何建筑。旧俄国租界区的北端因铁道用地而部分中断，中断的部分便是天津东站所在地，市区电车线的一个始发站也在它的前方。从此处向右通过贯穿意大利和旧奥地利租界中心的金汤桥，便能到达旧城区；从东站向左行进，过万国桥便能到达法国租界，与日英两国租界南北相邻，这三个租界区共同构成了当地备受瞩目的商业区。其沿河岸一带便是紫竹林河坝道，各轮船的码头、海关、仓库、船舶相关产业的店铺等分布在这里。连接其前

---

❶ 马克当（1756 年 9 月 21 日—1836 年 11 月 26 日），英国苏格兰人，路面专家。他发明了用碎石铺路的形式，这类道路形式被命名为“马克当化”，并把碎石路面称为“马克当路面”。

后的各街道，各国公馆、贸易商、银行以及其他各种公司的高楼大厦鳞次栉比，行人车马络绎不绝。然后，从万国桥到法国租界的市区电车线路和自码头而来的电车线路在法国租界会合，而且日本租界的中央旭街斜向西北方，也可以到达天津旧城区。下面就是各国租界的面积表（大正九年6月）。

各国租界面积 （单位：亩）

	面积(一亩相当于日本的185.7815坪)			中国人所有地面积占总面积的比例	备注
	中国人所有	其他	总计		
日本租界	621106	1086347	1707453	3成6分4厘	上述为登记面积，实测面积为2691.333亩，其中其他国家租借地6.528亩
英国租界	2180000	4016000	6196000	3成5分3厘	当中道路占地789亩
法国租界	120000	2280000	2400000	5分	
意大利租界	328370	442630	771000	4成2分6厘	
旧俄国租界	约5971000				由于不允许调查所以使用概数，其中意大利租借地234.3亩

续表

	面积（一亩相当于日本的185.7815坪）			中国人所有地面积占总面积的比例	备注
	中国人所有	其他	总计		
比利时租界	20077	727423	747500	2分7厘	其中，土地公司拥有685.0923亩
第一特别区	765270	521530	1286800	5成9分5厘	其中道路用地265.07亩
第二特别区	927864	84001	1011865	9成1分6厘	其中中法公司拥有57.059亩
合计	20091618				

第三项　各官署以及其他机构

【中国方面】中国的官署有直隶省长公署（河北）、交涉公署（河北）、财政厅（省长公署内）、教育厅（省长公署内）、实业厅（省长公署内）、天津镇守使署（河北）、直隶河务局（河北地纬路）、长芦盐运使署（仓门口）、官硝总厂（河北望海楼）、长芦稽核分所（仓门口）、津海监督署（特别第二区）、高等审判厅（河北院署后）、高等监察厅（河北院属西）、天津地方审判厅（河北院署后）、天津地方检察厅（河北院署后）、天津地方厅看守所（河北院署后）、第一监狱（西头）、天津警察厅（东浮桥）、津海道道尹公署（东门内）、天津县公署（北门内）、财政部造币厂（河北大马路）、津海关（法国租界）、天津钞关（东马路）、京奉铁路总局以及津浦铁路总局（天津总站附近）、天津邮政总局（旧俄国租界）、中国电报局（法国租界）等。其他机构有天津绅商保卫局（东箭道）、天津商务总会（北马路）、山西会馆（河东杂粮店街）、闽粤会馆（北门外针市街）、岭南栈潮帮公所（针市街）、江西会馆（估衣街万寿宫内）、绍兴会馆（城内乡祠）、山东济宁会馆（北门外西崇福巷）、当行公所（北门外迤东）、邵武公所（面店街）、怀庆会馆（迤东）、吴楚公所（河北大王庙）、庐阳公所（城内）等。

【外国方面】领事馆有日本总领事馆（日本租界）、英国总领事馆（英国租界）、旧俄国领事馆（旧俄国租界）、美国领事馆（法国租界）、法国领事馆（法国租界）、意大利领事馆（意大利租界）、丹麦领事馆（旧俄国领事馆内）、比利时领事馆（英国租界）、荷兰领事馆（英国租界）、挪威领事馆（英国租界）、葡萄牙领事馆（旧俄国领事馆内）、瑞士领事馆（英国租界）、巴西领事馆（法国租界）等。在各租界内还设有与一般行政事务相关的机构，如日本租界局、英国工部局、旧俄国工部局、法国工部局、意大利工部局、比利时租界局等各国机构。其他还有海河工程总局（Haiho Conservancy Commission，第一特别区)、天津洋商会馆（Tientsin General Chamber of Commerce，英国租界)、英美中俱乐部（American - British - China Club，第一特别区）等。同时，各国在华北主要地区均有军队驻扎，以维护北京与海滨间的交通顺畅，保护各国公使馆、领事馆和本国公民。兵力如下所示。

① 北京驻军：日本 179 人、美国 222 人、法国 122 人、英国 89 人、意大利 78 人、荷兰 78 人、比利时 21 人、俄国 3 人，合计 792 人。

② 天津驻军：美国 1146 人、法国 982 人、英国 461 人、日本 781 人，共计 3370 人。

③ 丰台驻军：英国 41 人。

④ 落岱驻军：英国 21 人。

⑤ 杨村驻军：日本 31 人。

⑥ 塘沽驻军：日本 3 人、法国 55 人。

⑦ 唐山驻军：美国 165 人。

⑧ 滦州驻军：日本 19 人。

⑨ 秦皇岛驻军：日本 54 人、法国 43 人、英国 37 人。

⑩ 山海关驻军：日本 75 人、英国 29 人、意大利 25 人。

以上所属军队中，英国兵主要为印度兵，法国大部分为越南兵。以上军力综合来看，按国别分布如下：日本

1142人、美国1533人、法国1348人[1]、英国668人[2]、意大利113人[3]、荷兰78人、比利时21人、俄国3人，共计4906人[4]。

第四项　教育机构

【学校】中国方面——国立北洋大学（城北西沽）创立于公元1895年，设有律例学、土木工程科、矿物学、师范科等四科课程，学制为4年。北洋法政专门学堂[5]（北郊新开河北岸）于公元1907年设立，分为简易科（1年）、预科（3年）、正科（3年）三科，设有宿舍。北洋医学院[6]（法国租界），李鸿章担任北洋大臣时期，由一位名叫穆尼埃的法国军医创设经营，该校学生均为公费寄宿生，学制为5年。军医学校（河北区窑洼）于公元1902年由官方设立，以培养北洋陆军的军医为目的，学制为4年。公立第一师范学校（天津北郊新开河）主要培养中学以及初等师范学校的教师。天津两级师范学校（旧城外西

[1] 法国总驻军人数，按文中提供数据合计，实际应为1202人。

[2] 英国总驻军人数，按文中提供数据合计，实际应为678人。

[3] 意大利总驻军人数，按文中提供数据合计，实际应为103人。

[4] 各国总驻军人数，按文中提供数据合计，实际应为4760人。

[5] 中国最早的政法学校。

[6] 李鸿章1881年在天津所办的北洋施医院（总督医院），是中国官办第一所西医医院。

北角）以及北洋女子师范学校（窑洼）均以培养小学教师为目的。此外还有第一官立中学（经司胡同）、长芦官立中学（窑洼黄纬路）、直隶高等工业学校（河北区）、南开学校（西南城外）等。另外还有为数众多的初等教育阶段院校。

外国方面——由日本人经营的学校有日本人小学校、私立高等女校以及青年会夜校，此外还有以培养中国人子弟为目的的天津同文书院以及共立学校等。由英国人经营的学校有：天津学堂（Tientsin Grammar School，英国租界经营）、新学书院（Tientsin Anglo - Chinese College，法国租界）。美国人所经营的学校有成美学校（Tientsin Intermediate School for Chinese Boys，法国租界）、中西女校、究真学舍以及基督教青年会的育才学校、夜校，等等。法国人经营的学校有圣母会学校（Ecole Municipal Francaise，位于法国租界，学生主要为中国人以及法国人）、圣若瑟学馆（St. Joseph's High School，法国租界）等。

【教会】教会有安立甘教会圣堂（All Saints' Church）、天主堂（St. Louis' Church）、天主教总堂（Roman Catholie Mission）、耶稣教合众会堂（Union Church）、公理会（American Board Mission）、大英圣书公会（British and Foreign Bibleo Sciety）、内地会（China Inland Mission）、耶稣

教浸礼会（England Baptist Mission）、福音堂（London Mission）、美以美会（Methodist Episcopal Mission）、苏格兰圣经会（National Bible Sosiety of Scotland）、首善堂（Procure des Lazaristes）、崇德堂（Procure de la Mission Catholique du Chihli'S. E.）、圣道公会（United Methodist Mission）、基督教青年会（Young Men's Christian Association）、基督教妇女青年会（Yung Women's Christian Association）、日本人基督教会等。各教派都经营学校、医院以及其他慈善机构。

【寺庙】寺庙有大悲庙（临济宗，城东南角）、天齐庙（曹洞宗，东门外）、玉皇阁（道教，东门外）、天后宫（道教，东门外）、清真寺（旧派回教，北门外以及金家窑）等。当地居民信仰繁多，纷纷参拜回教、道教、在理教以及儒教等各种寺庙道观。其日常信仰的神佛有释迦牟尼佛、普贤菩萨、文殊菩萨、阿弥陀佛、观世音菩萨、仁王尊、药师如来、关圣大帝、阎王神、药王神、火神、龙王神、娘娘神等。而且，一般的商家均会在店里供奉增福财神（日本租界内的部分参照第八项）。

第五项　通信机构

【邮局】中国邮政总局（旧俄国租界）除了分布于城内外各处的28个分局以外，还有16所私立邮局。最近政府对各类邮局稍加整顿，略有成效。中日两国间的邮政联络关系之前依据日中邮政条约（公元1897年）约定，在条约改订之后，相互之间的邮政往来更加便利。外国方面，日本邮局（日本租界）的发展最为显著，甚至很多中国人以及其他外国人也多加利用。日本邮局通过京奉铁路寄送普通邮寄物，所需时日如下。

一、从天津发件

从天津发件，于每天下午7点截止收件，于次日11点55分分装至列车，邮件将于次日晚7点15分抵达奉天，第4日早5点50分抵达釜山，第4日下午5点40分抵达门司，第6日凌晨12点10分抵达广岛，第6日凌晨4点21分抵达冈山，第5日早7点31分抵达神户，第5日早8点22分抵达大阪，第6日上午9点17分抵达京都，第5日中午12时8分抵达名古屋，第5日晚7点20分抵达东京。

二、寄往天津

东京发件为首日的晚9点30分，名古屋发件为首日的下午4点46分，京都发件为首日的晚7点37分，大阪发件为首日的晚8点32分，神户发件为首日的晚9点22分，冈山发件为次日凌晨12时32分，广岛发件为次日凌晨4点37分，下关发件为次日的上午9点38分，釜山发件为次日的晚11点，奉天发件是第4日的上午10点15分，到达天津为第5日的早6点35分，然后于上午9点左右配送。

其他外国邮局有英国邮局（英国租界）、法国邮政局（法国租界）等，但是大多数没有专门的运输机构，不过是处理一些本国人之间的信件收发。

【电信局】 中国电报局（法国租界）通过陆地线路以及大北电信公司的海底电线处理内外电报，电文使用西文和中文，其中西文以10个罗马字母为一词计算。价格按每1词计算：发往日本60仙、直隶省内10仙、其他省18仙。位于天津、北京以及塘沽的日本邮局除了处理相互间发送的日文电报（价格与日本国内一致）以外，也处理发往日本的日文电报。但是，发往日本的日文电报（发往日本国内的邮送电报）之前一直是经由奉天发送的，但是于去年9月20日开始，改为在济南进行接发。其寄送时间以及所需时间如下。

一、电报寄送时间

局内寄送时间：中午12点，下午6点

东停车场发车时间：下午4点，晚8点17分

二、所需时间（与之前经由奉天相比，大约节省10个小时）

（一）天津—济南，汽车约9个小时。

（二）济南—日本国内（电报所需要的平均时间）：到

东京8点3分、到大阪7点46分、到神户6点33分、到下关6点14分、到门司9点20分。

上述日本国内与天津间的日文电报往来需要邮寄到济南的电报处理所，从此处进行收发交接，故而比日本国内间的电报价格多10钱。经由中国电信局的罗马字电报仅需几小时便可以送达日本，日文电报则需要一天的时间。若有急需，则选择前者更加合适，但是与之相比后者的价格非常低廉。因此，如果不着急在一两天内送到，选择后者，即日文电报，则更加经济实惠。

【电话局】中国电话总局（闸口）的服务范围包括天津城内外的中国街区、外国租界、北京、塘沽等地。为中外人士提供方便，价格为1个月6鹰洋。市外长途电话，打往北京一次为80仙，打往塘沽一次为50仙。

第六项　医　院

【中国医院】中国医院有天津官医院（金家窑）、北洋医院（法国租界）、女医院（由官方设立，位于省长衙门附近）、天津防疫所（狮子林）、传染病医院（西头），同时在市内还有很多开设医馆的医师，但是没有医术高明而闻名之士。

【外国医院】外国医院有仁爱会施医院（Sister of

Charity Dispesnsaries，法国租界老西开）、病养院（General International Hospital，法国租界）、妇婴医院（Isabella Fisher Hospital，南门外）、福音堂施医院（London Mission Hospital，法国租界）、英国医院（Queen Victoria Diamond Jubileo Memorial Hospital，英国租界）、隔离医院（Isolation Hospital，英国租界）。多数医院以教堂的附属事业进行经营。此外，由日本人经营的医院如下所示。

医院名称	院长	地址	电话
井上医院	井上 勇之亟	日本租界花园街	64
同仁医院	中村 唯子	日本租界新寿街	2350
千秋医院	千秋 实	日本租界宫岛街	2298
天津医院	藤田 语郎	日本租界寿街	380
共立医院	今井 栖三	日本租界旭街	31
天津齿科医院	小松崎 千代松	日本租界旭街	420
河合医院	河合 信义	日本租界旭街	3186
东亚医院	田村 俊次	法国租界西开	南 1789
中和医院	桧垣 恭兴	日本租界宫岛街	3867
高桥医院	高桥 刚吉	日本租界花园街	299
弘济医院	内田 徒志	英租界宝士徒道 ❶	南 1097
爱仁医院	影山 清美	日本租界荣街	3628
折目牙科医院	折目 民夫	日本租界扶桑街	2434

❶ 宝士徒道，Bristow Road，即现在的天津市营口道一带。

第七项　舆论机构

【中文报纸】在天津的中文报纸如下所示，但这其中几乎没有能够改变政府政策、引导民意的刊物。

报纸名称	发行机构	发行数量	社长	主笔	初刊发行日期	发行方式
《天津日日新闻》	日租界旭街	2500份	方若	郭心田	明治三十二年6月	日刊
《益世报》	东门外洋货街	5000份	刘守荣	董有青	大正四年10月	日刊
《时闻报》	南市	1000份	李大义	李魁武	明治三十六年8月	日刊
《白话报》	南市广兴大街	15000份	刘敬臣	董阴孤	大正三年3月	一日三刊
《河北日报》	同上	1800份	顺直省议会全体议员机关报		大正八年5月	日刊
《新民意报》	同上	1500份	孟震侯	马千里	大正九年9月	日刊
《大公报》	日租界旭街	4000份	王保山	范柴荣	明治三十四年5月	日刊
《京津泰晤士》	南市荣业大街	4000份	熊少豪	熊少豪	大正六年10月	日刊
《旭日报》	南市广兴大街	500份	贺彩臣	张兰波	大正元年8月	日刊
《新民报》	日租界荣街	3000份	小仓章宏	郭庆寿	大正九年4月	日刊
《大中华商报》	第一台大街	800份	萧润波	同上	大正九年8月	日刊

除上述报纸以外，还有《天津新报》《京津每日》《太平洋报》《民报》《华北新报》《旭报》《启明报》《经世报》《启民报》《晨报》《午报》《晚报》以及《评报》等报刊。

【日文报纸】日文报纸有《天津日报》（日本租界寿街，电话80），报社社长为西村博，总编辑是真藤弃生，创刊号于明治四十三年7月发行；《京津日日新闻》（日本租界寿街，电话489），社长为森川照太，总编辑为上田良有，创刊号于大正七年10月30日发行，这两种报纸均为日刊。与在北京发行的《新中国》一样，均面向一般日本人发行。其次，由小宫山繁经营的《天津经济新报》（日本租界宏济里，电话2026）于大正九年7月开始以周刊的方式发行，与始发于济南的《山东公论》周刊一样广受好评。除此之外，还有《东方通信》（日本租界芙蓉街，电话2182）、《日本电报通信》（日本租界荣街，电话1136、2523、3772）两家报社。

【英文报纸】最为广泛发行的是《京津时报》（Peking and Tientsin Times，英国租界）、《华北日报》（North China Daily Mail，法国租界）、《华北明星报》（North China Star，法国租界）、《华北星期报》（North China Sunday Times，法国租界），以上报纸均以日刊形式发行，其中，

《华北日报》同时还以周刊的形式发行。除此之外，还有《北洋商报》（North China Commerce，英国租界）、《华洋公论报》（The China Sun，法国租界）、《经纬报》（Tientsin Evening News，英国租界）等报纸。由松村利男经营的《China Advertiser》（日本租界，山口街）是天津唯一一家由日本人经营的英文报纸。除以上所列报纸外，还有法文日报《权务报》（L'Echo de Tientsin）。

【杂志】《日华公论》（日本租界荣街，电话 1136、2523、3474、3772）的社长为小仓章宏，大力提倡中日文化互助，是华北地区唯一一家有实力的杂志社。创刊号发行于大正二年 8 月，为月刊。除此之外，还有由中国人经营的杂志《觉悟》（草场巷学生会）、《奋斗》（营业里学生联合会）、《新生命》（天津真学会）等。

第八项 日本租界内的各机构

【总领事馆及附属警察署】根据《中日修好条规》[1]，从明治八年开始，日本领事入驻天津。日本领事馆坐落于日本租界花园街，建筑气势恢宏（电话 35、1839、1003），其在职人员如下。

---

[1] 《中日修好条规》，是清政府与日本于 1871 年 9 月 13 日在天津山西会馆签订的第一份条约。清朝大使为李鸿章，日方大使为伊达宗诚。

总领事：吉田茂

准领事官：本野享三

副领事：田岛昶

书记：浦川昌义、吉川三郎、佐佐木护邦、石原秋朗

总领事下设警察署（领事馆内宫岛街，电话120），管理在中国的日本人的相关警察事务。在职人员如下。

署长：花里初太郎

警部：千田清三郎

准警部：松尾源一

巡查部长：中岛新九郎、吉野鹤马、弓野力男、宫内平七郎，还有其余巡查19人。

【中国驻屯军】明治三十四年6月，根据镇压义和团运动之后所缔结的协议书，各国开始在中国派遣驻屯军，其主要任务是保护领事馆以及各自国民，以维持北京同沿海之间的往来自由。驻屯军的干部如下。

1. 驻屯军司令部（日本租界海光寺，电话1229、4195）：司令官是陆军少将铃木一马，参谋为炮兵少佐平山繁、步兵大尉柳下重治、副官同三毛逸，宪兵长是宪兵大尉滨岛紫朗，通信长是工兵大尉野泽广，司令部附属步兵大尉有渡亮之介、野副昌德、江本茂夫，司令部附属三等主计是正平田为次，司令部附属二等军医是正简野松太

郎，司令部附属一等兽医是野馆吉次。

2. 驻屯军医院（日本租界福岛街，电话 422）：院长为三等军医正伊藤吉左卫门。

3. 天津步兵队（日本租界海光寺）：队长是步兵中佐上野西郎，副官是步兵大尉林芳太郎。

4. 派遣队（日本租界海光寺）：队长是步兵少佐细井笃郎，副官是步兵大尉别所源一郎。

【租界局】日本租界局（日本租界福岛街，电话 39）是按照明治三十五年 9 月发布的总领事馆第 6 号令《日本专管居留借地规则》所设立的居留民团行政委员会事务所，管理日本租界内的建设、卫生、财务、教育等事务的自治机构。通过向租界内的居留民以及外国人征收营业税、所得税、杂项税以及使用费、手续费等税目作为行政经费。行政委员会依据明治四十年 9 月颁布的居留民团法，于每年 3 月召开居留民大会，从民众议员中选举 10 名委员，处理居留民的各种事务。

行政委员以及租界局理事如下。

1. 行政委员：大木干一、黑泽兼次郎、日高松四郎、乙竹茂郎、川村龙雄、藤田语郎、川岛范吏、远山猛雄、速水笃次郎、臼井忠三。

2. 理事长代理：酒本勇四郎；理事：田中铸太郎。

【商业会议所】日本人商业会议所（日本租界福岛街，电话1342）是在天津的日本工商业者之间以互惠互利为目的的机构，其经费来自会员缴纳的会费。每周刊发机关报纸《周报》，每年刊发一次《贸易年报》。该会会员有百余人，其一切事务由书记长负责处理。负责人如下。

会长：乙竹茂郎（正金银行）

副会长：大泽大之助（大泽洋行）

书记长：小林阳之助

【工商协会】天津工商协会（日本租界日本俱乐部楼上）同上述商业会议所相同，是以在天津居留的日本工商业者之间的互利共赢为目的的机构，会员为日本居民，即自营的工商业者，自身带有与上述商业会议所不同的色彩。会员总数200人，商会事务由书记负责管理。刊发机关刊物《会报》。其主要负责人员如下。

总代：大泽大之助（大泽洋行）

副总代：日高松四郎（义成洋行）

【邮局】日本邮局（日本租界旭街，电话33）于明治二十五年开设，之后随着《中日邮政协约》的签订以及运送路线的增设，其业务处理更加高效，为一般公众提供巨大便利，甚至与日本内地的邮政局无异。但是，小包裹会由海关事务所检查。当时在紫竹林、塘沽以及山海关设立事务所。

局长：木村治朗；其他邮局工作人员约 25 人。

【小学以及幼儿园】 日本人寻常高等小学校（日本租界芙蓉街，电话 334）以日本内地的小学令为基准开展初等教育，职员为：校长星野四郎，男教师 11 人、女教师 3 人、合同工女教师 1 人、合同工中文教师 1 人；学生数：寻常科男生 195 人，女生 232 人；高等科男生 19 人，女生 13 人。学校为居民团经营。幼儿园（日本租界芙蓉街）为私立，当时由冲田介次郎主管。每年接受居民团的补助金。

【天津高等女校】 天津高等女校（日租界明石街）建于大正十年 4 月，开展中等教育，校长吉田重子，当时学生数一、二年级约 30 人，干事为高木正义，教导主任为福岛重义。

【青年会夜校】 天津青年会（日本租界芙蓉街，电话 2760）于大正八年建校，暂无会长，由副会长矢泽千太郎兼任，理事 12 人，会员 232 人。为了提高一般青年的教养，设立夜校，有教师 17 人，学生 130 人。设有商科、中文科、英文科。

【天津同文书院】 天津同文书院位于南门外海光寺南徐胡圈村。在东亚同文会的创立之处，距离现在校址约

5000坪以外，南北两侧有万余坪的水上面积。此校以面向中国子弟普及中等教育为目的。日本人第一次建立此类设施。大正十年12月上旬举行开校仪式，现在约有学生百名，1年级分为3个班进行授课，基本上是寄宿制。中国教职工有郭名誉院长、张教务主任等11人；日本教职工有江藤督导、藤江干事等4人，大多居住在校内。

【共立学校】共立学校（日本租界闸口）专门从事中国人的子弟教育。现在除了居留民团每年给予5500鹰洋的补助之外，也凭借中国各界有志之士的捐助以及授课费进行运营。除了校长矢泽钱千太郎之外，教职员以及学生均为中国人，教职员工有教习6人，学监1人，学生146人，夜校学生12人。

【公会堂】公会堂（电话300）是位于大和公园内的民众团体所经营的，作为一般迎送会以及娱乐场所开放，以营业为目的的娱乐活动通常不租用此地。

【神社、寺庙以及教会】天津地区有天津神社（大和公园内）、本愿寺别院（日租界福岛街，电话1861）、观音寺（日租界伏见街，电话4725）、天理教布教所（日租界平义里）、日莲宗布教所（日租界平义里）、金光教布教所（日本租界吾妻街）及稻荷社（日本租界伏见街）等社寺。其中，信徒最多的是本愿寺别院，其设有佛教妇人会、修养会、日耀学校等，尽全力发展宗教思想。日本人基督教会（日本租界明石街）是不属于任何教会的独立教会，聘用专任牧师进行对日本人的传教活动。

【公共葬祭场所以及公共墓地】公共葬祭场所（本愿寺别院）随着日本人在天津的发展，棺马车的调制、祭场的设施以及防止盗窃的围墙建筑等逐渐成形。其向南延伸的地区便是民团的公共墓地。

第二章　工商业概况

第一节　货币以及度量衡

第一项　货币及其汇率计算方式

由于中国的货币制度非常不完善，其货币的复杂程度在世界范围内也是少有的。现在天津市场流通的货币种类如下。

【货币的种类】行平化宝银——这种银两属于专门用来记录在账簿上的非实际通货，没有现银。上海的规元❶、汉口的洋例❷与之性质相同。该银两为992纯，在需要现银时，可参照公估局❸鉴定场所的白宝银❹使用。价值最高

❶ 规元，也称豆规元、九八规元，近代上海通用的银两计量单位。规元只做记账使用，并无实银。

❷ 洋例，即洋例银，是近代汉口通用的一种虚银两，并无实银。

❸ 公估局是清朝后期产生的鉴定银锭重量、成色的机构。1933年废两改元后停业。

❹ 白宝银为十足纹银，不在普通民间流通，而是专门用于上纳政府或公估局的鉴定基准等。

为每锭4钱，还有2钱、3钱等不同的种类。白宝银——经由当地炉房熔解而成的足色现银，流通于市场。在市场交易中均使用银两，因而元宝的需求未见有减少之趋势。北洋银元——由天津造币局铸造，在当地最为通用。行情每天变动。新币——同北洋银元。小洋——有2角（2毛）以及1角（1毛）两种。对照被称为大洋的银元（以1元为单位币）故而被称为小洋，然而其兑换率却不一定相同。最近开始通用的小洋新币（即同样有2角、1角两种，但相比之前增加了重量，可交换相当于“1元”新币的2/10和1/10）之外的小洋，通常1元大洋可交换11角小洋加四五枚铜元，甚至能折合12角。1角小洋可以兑换铜元13枚。因为东三省商人经常在天津做生意，所以该货币的数量变化颇为巨大。日结行情。铜元——即所谓“铜货”，又称“铜子儿”。有2分（2仙）、1分（1仙）两种。通常的兑换率为1元可兑换130枚甚至150枚或160枚铜元，每日行情不同。铜元是中国最为常用的货币，多用于日用品的买卖以及其他普通小买卖、工人的工资结算等，以此建立行情。中交银纸币——由中国的中国银行与交通银行共同发行的纸币，有银票（银两票，为省去元宝银收支的繁杂，主要用于大宗交易）和票子（银元的兑换券，最为通用）两种，流通非常广泛。外银纸币——汇丰、正金、麦加利❶、花旗、友华、华比❷、道胜❸等各个外国银行所发行的兑换券，有银票和票子两种。以其高信用度而流通于普通中国人之间。银号纸币——虽然为敦庆长银号发行，与纸币差不多，但其在市场中的使用却不尽如人意。老头票——日本的纸币，每天行情高低变化。

【通用平砝】行平——广泛适用于银行以及货行。津公估平——是市场上的标准平砝。其余还有库平、运库平、关平等。

【成色比例】同天津白宝银相比，通用的化宝价值低 8 两；同上海的二七宝 1000 两相比低 6 两。

【汇率说明】银元 6865——指新币或者北洋 1 元与行平化宝银的兑换率为 6 钱 8 分 6 厘 5。小洋 1212——意思是大洋 1 元同小洋的兑换率为小洋 12 角 1 分 2 厘。京票减二两——指从天津行平的原平 998 两扣除 2 两，在天津收取，行平化宝银 996 两；在北京收取，京公砝 1000 两。中票 1045——指行平化宝银 1000 两，在上海收取，规元

---

❶ 麦加利银行又名渣打银行。

❷ 总部位于比利时布鲁塞尔的华比银行于 1902 年 12 月在上海建立第一家中国分行，之后陆续在北京、天津、汉口、香港等地设立分行。1956 年申请停业清理，1976 年正式停业。

❸ 华俄道胜银行是沙俄和法国对中国进行殖民掠夺的金融机构。1886 年由俄、法与清廷合股组成。总行设在彼得堡，“十月革命”后改设在巴黎。享有在华发放贷款、发行货币、税收、经营、筑路、开矿等特权。1926 年停业。

1045两。钱盘134——指大洋1元可兑换铜钱134枚。白宝75——指白宝1000两兑1007两5钱化宝的兑换率。

【天津各种平砝对照表】

平砝名称	比较数目	平砝名称	比较数目
行平	1032.20	库平	1000.00
行平	995.00	公砝平	1000.00
行平	1033.00	运库平	1000.00
行平	1050.00	关平	1000.00
行平	993.20	义砝平	1000.00
行平	994.40	西公砝平	1000.00
行平	992.00	钱平	1000.00

【天津平砝同外地平砝对照表】

本地平砝	比较数目	外地平砝	比较数目
行平	998.00	京公平砝（北京）	1000.00
行平	1021.00	保市平（保定）	1000.00
行平	1013.00	申公砝平（上海）	1000.00
行平	1009.00	二六汴常（开封）	1000.00
行平	1018.20	口南平（周口）	1000.00
行平	1000.00	吉市平（吉林）	1006.40
行平	1000.00	沈平（奉天）	1003.20
行平	1026.20	道钱平（道口）	1000.00
行平	1018.00	济平（济南）	1000.00
行平	1035.25	省大平（太原）	1000.20
行平	1015.00	苏漕平（苏州）	1000.00
行平	1000.00	汉口平（汉口）	1004.00
行平	1000.00	营平（营口）	1001.60
行平	1000.00	九七川平（四川）	1006.00

【天津与上海之间汇率计算法】当时的兑换比率为天津行平 1000 两兑上海规元 1056 两 4 钱 5 分，规元 1000 两兑换行平 996 两 4 钱 7 分。欲从上海运送现银 1000 两到天津，需要如下的费用：上海至天津之间的轮船运费 2 两 5 钱；码头捐 3 钱 3 分；保险费 7 钱；天津苦力费 1 钱 4 分；公估费（宝银每 20 个小洋 5 角）3 钱 5 分；木箱 1 钱 7 分半；车力 5 分；利息（周息 5 厘 4 日分）5 钱 5 分，合计 4 两 7 钱 9 分 5 厘。因此，从上海运送至天津的规元 1000 两在计算时应扣除各种费用以及利息，故而应计为 995 两 2 钱 2 分。即以 1000 两规元可兑换行平 996 两 4 钱 7 分的兑换率来计算 995 两 2 钱 2 分，应得 942 两。因此，规定行平 1000 两相当于规元 1061 两 5 钱。即 1000 规元 = 942 行平，1000 行平 = 1061.50 规元。每年阴历八月以后，由于天津帮的秋季进货繁忙，上海的汇率多数情况下逐渐上升，当时行情立刻下行也是普通的事情。即在 1060 两甚至 1040 两之间浮动。向天津输送现银多依靠津浦铁路。银元 1000 元所对应的费用如下：上海至天津之间的汽车运费为 4 元 3 角 5 分；装车费以及箱子的费用为 3 角；保险费 3 角 7 分；利息（周息 5 厘 4 日分）5 角 7 分；总计 5 元 5 角 9 分。银元的汇率以上述各费用之和为标准。即银元 1000 元所对应的汇率费用大致应为 6 元为宜。天津的汇率除了北京、上海、营口之外没有直接汇率。因此，如果从天津向中国各地汇款，需根据当地的申票行情进行间接计算。

【汇率计算举例】

（1）在天津与汉口估平二四宝 1000 两进行汇兑交易，可按照以下行情支付相应的银元。行情——天津申票 1059 两；上海汉票 970 两；天津洋厘 6 钱 8 分 7 厘。

计算方法——以估平二四宝 1000 两为本位，除以 98% 得到洋例银 1020 两 4 钱 1 分，再除以上海汉票的汇率 0. 97 得到规元 1050 两 9 钱 7 分。再除以天津申票的汇率 1. 059 可得到行平 993 两 3 钱 6 分。再以之除以天津银元汇率 0. 687，方可得到应该在天津支付的银元 1445 元 9 角 4 分。

$$1000 \div \frac{980}{1000} \div \frac{970}{1000} \div \frac{1059}{1000} \div \frac{687}{1000} = 1445.94$$

（2）若以行平 1000 两向济南进行汇兑，可参照以下汇率支付相应济平足银。汇率——天津申票 1059 两，济南申票 1078 两。算法——以行平 1000 两为本位，乘以天津申票汇率 1. 059，得到规元 1059 两，再除以济票汇率 1. 078 即可得到济平足银 982 两 3 钱 7 分。

$$1000 \times \frac{1059}{1000} \div \frac{1078}{1000} \div = 982.37$$

【外国银行发布的对外汇率行情】 今年❶5月30日天津横滨正金银行支行发布的对外汇率行情如下。

伦敦，电信汇款卖出价	4志9片4分1
同上，即期买入价	4志3片8分1
同上，4个月支付买入价	4志0片4分1
纽约，4个月支付买入价	89鹰洋2分1
对日本电信汇款卖出价	57两4分3
同上，抵达30天支付买入价	55两
对纽约电信汇款卖出价	84鹰洋

英国和美国均以1两和100两为单位作为接收标准，而日本则以100元为单位作为支付标准。“两”是指行平化宝银的“两”。电信汇款的汇率以银行的卖出价为准，即进口汇率；抵达30天支付是以银行的买入价为准，即出口汇率。也就是相当于抵达日本、即付后30天支付汇票的银行买入价的汇率。此汇率只代表发表当日的汇率，另外根据顾客的要求也可以当作三四个月左右的期货行情的预期。以上汇率中当然包含银行应得的手续费、保险费及盈利。个位数的小数以分数表示，一般会习惯使用固定的分母，根据汇率上下波动，各自的分母也会有变化。这些对外汇率，即银本位国和金本位国之间的汇率，所以不仅是汇票的供给、期限、信用等会发生变化，还常常发生

❶ 1922年。

由持有原因造成的金银牌价变动而引起的浮动（参照第四节第六项）。

第二项　度量衡

天津没有统一的度量衡，种类多样，分量也参差不齐，同货币一样给外商造成诸多不便。中国政府于大正四年1月6日以申令的形式发布了权度法以及权度经营特许法，先于北京试行，收效甚微，普通商人并不以之为标准进行交易。同时，商人们为了各自的利益制作粗糙，而且存在根据顾客要求随意变更的情况。这里对中国商人所使用的度量衡进行简要的介绍。

【尺度】有门市尺（一般被认为是标准的尺度）、裁尺（布帛商人所使用的尺子）、铁尺（铁器商人所使用的尺子）、木尺（木工、木材商所使用的尺子）、地弓尺（测量土地时所用，木制，状如圆规）五种。除铁尺和地弓尺外，其余均为红褐色的枣木所制，厚度约为日本角尺的二分。同日本角尺的对比如下。

门市尺	1尺	日本曲尺	1尺1寸2分
铁尺	1尺	同上	1尺3分
地弓尺	1尺	同上	5尺1寸8分
裁尺	1尺	同上	1尺1寸4分
木尺	同上	同上	1尺3分

用地弓尺丈量土地的计算方法与日本用两边相乘的算法不同，是四边长度之和除以4加以计算。

【斗量】一般使用门市升和斗两种方式来计量谷物，不同于日本的木制四角。中国使用的斗是取孟宗竹的一节，削去外皮后在上下两端各镶入黄铜制作的铜箍固定而成，分为2斤装、1斤8两装、1斤装以及8两装四种。而日本的斗量则是由柳条编制而成的容器，在其顶端嵌有木、竹或者铁制成的箍，分大小两种。

门市升2斤装	深：日本角尺4寸9分 直径：3寸2分	约合日本的6合8勺
门市升1斤8两装	深：日本角尺4寸9分 直径：3寸1分	约合日本的5合1勺
门市升1斤装	深：日本角尺3寸8分 直径：2寸6分	约合日本3合4勺
门市升8两装	深：日本角尺2寸8分 直径：1寸7分5厘	约合日本1合7勺
斗　　大号	深：日本角尺1尺 直径：7寸5分	合计日本重量未知
斗　　小号	深：日本角尺5寸 直径：3寸3分	合计日本重量未知

如上大致跟实际情况相符，但是，由于很多量器为手工制造而成，有所出入在所难免。

【权衡】有洋秤、蔴毫秤、大盘秤、小盘秤四种。洋秤——根据顾客的需求可以制作称小至1斤大至千斤的洋秤，实际上有很多种，在实际交易中使用的秤即是这种秤。带有尖钩的枣木制秤杆上吊有黄铜环，拎绳为白色皮革。该秤的1斤2两5分相当于日本的1斤（160日本两❶）。同时，由于与十六两秤相比，其大小约为其3%，故而被称为三厘洋秤。蔴毫秤——蔴毫秤可称小至10斤大至500斤的货物。由于多为小商贩所使用，秤杆、手拎麻绳等分仓颇为不精。该秤的15两相当于日本的1斤。大盘秤——大盘秤称小至10斤大至50斤的货物，有多种。该秤使用巨大的黄铜或者铁制的秤盘，使用红色的丝质拎绳，贩卖谷米的小贩多使用该秤。该秤的1斤3两5相当于日本的1斤。小盘秤——小盘秤称小到2两大到50两的货物。同大盘秤一样，使用黄铜或者铁制的秤盘，以细麻线悬挂小盘，多为细碎商品的商店所使用，1斤4两相当于日本的1斤。除上述种类之外还有专门用来称量金银的秤。

【外商所使用的度量衡】 如上所述，中国的度量衡种类非常之多且不精确，虽然有时使用洋秤进行当地特产的交易，一般情况下习惯以英国的英尺为尺度，使用外国制造的封度秤（除斗量之外皆依照权衡）为权衡，克服度量衡混乱所带来的不便。其对照表如下。

---

❶ 日本两，在日语中写作“匁”，是日本古代的衡量单位，1日本两相当于3.75克。

1 英寸 =0.101598164 米 =0.0858 尺

1 英尺 =12 英寸 =0.304704463 米 =1.0058 尺

1 英码 =3 英尺 =0.91438348 米 =3.01275 尺

40 立方英尺 =40 才[1] =1680 斤（中国斤） =1 吨

中国 1 两 =37.301 克

中国 1 斤 =16 两 =447.612 克

中国 1 担 =100 斤 =44.761 千克 =133 $\frac{1}{3}$ 磅

=16.1377 贯 =100.79 斤（日本）

100 磅 =75 斤 =12095.8 日本两 =75.6 斤（日本）

第二节　金融机构

第一项　外国银行

【外国外汇银行组织】 囊括了全部的 11 家外国银行。即横滨正金银行（Yokohama Specie Bank，英国租界）、朝鲜银行（Bank of Chosen[2]，法国租界）、美国友华银行

---

[1] 日本尺贯法规定的体积单位，即立方尺。1 立方尺约等于 0.027826474 立方米。

[2] 此处的“朝鲜银行”前身为日本于 1909 年在汉城（现在首尔）地区设立的韩国银行，1913 年以后陆续在中国的上海、天津等地开设了 26 家分行。

（Asia Banking Corporation，法国租界）、华比银行（Banque Belgepour I'Etranger，英国租界）、东方汇理银行（Banque de I'ludo – Chine，法国租界）、麦加利银行（Chartered Bank of India' Australia and Chine，英国租界，又名渣打银行）、汇丰银行（Hongkong and Shanghai Banking Corporation，英国租界）、花旗银行（International Banking Corporation，英国租界）、道胜银行（Russo – Asiatic Bank，英国租界）、华义银行（Sino – Italian Bank，法国租界）、懋筑银行（The Chinese American Bank of Commerce，法国租界）。正金、道胜、麦加利三家银行发行两和鹰洋的纸币，而友华、华比、汇丰、花旗五家银行只发行鹰洋的纸币，为资金运用提供便利。

【日本人经营的银行】

银行名	经营者	所在地	电话
正金银行支行	乙竹茂郎	英国租界中街	南局 184、1155、1144、1425
正隆银行支行	藤崎四郎	日本租界旭街	844、3741
朝鲜银行支行	冷牟田清	法国租界七号路	883、893、256、963、218
天津银行总行	川岛范吏	日本租界旭街	293、3955
大东银行支行	松永逞造	日本租界旭街	522

第二项　中国银行

【西式银行】 主要有中国银行（Bank of China，法国租界）、交通银行（Bank of Communication，北马路）、中孚银行（Chung Foo Union Bank，法国租界）、金城银行（King Cheng Banking Corporation，英国租界）、中国实业银行（National Industrial Bank of China，法国租界）、盐业银行（Salt Industrial Bank，法国租界）、北洋保商银行（Commercial Guarantee Bank of Chihli，北马路）、大陆银行（Continental Bank，法国租界）、新华储蓄银行（Sin Hua Saving Bank，法国租界）等银行，其他还有直隶银行（北马路）、浙江兴业银行（宫北）、崇华殖业银行（宫北）、华充银行（宫北）、聚兴成银行（法国租界）等。多数银行承担官厅的金钱出纳以及资金融通，同时还兼营一般业务。

【炉房】检查马蹄银以及银块的质量，并根据其他请求以及自家的计算改造银块，同时兼营银行业务。主要有大康（宫北）、敦昌（宫北）、信富（宫北）、余大昌（北门东）等。

【票庄】又称汇票庄，经营中国内地的汇兑以及一般银行业务。主要有功成玉（针市街）、裕源永（针市街）、本立源（北门内）、隆泉美（宫北）、瑞昌隆（锅店街）、瑞成德（锅店街）等。

【银号及钱铺】银号及钱铺都以货币的买卖以及汇兑

业务为主营。两者的差别是前者的资本较大，主要买卖鹰洋和银两等货币；后者则主营鹰洋和银两之外的小额货币。但如今两者已经没有往昔那样明显的差异了。它们是中国金融业中与日本商人关系最紧密的，在这里较为详细地列举主要代表。

商号	资本金	出资者	经理人	所在地	开业年月
志城	100000 元	周祥五	王会泉、苏小林	北马路	1922 年
泰康	100000 元	振德店黄卞稚武	高俊明、刘镜波	针市街	1922 年
盛德	100000 元	盛宅、卞淑承	陈以然	同上	同上
裕津	250000 元	杜鹤臣、魏信臣	沈雨香	宫北	同上
义成	100000 元	宓华廷	李云章	同上	光绪三十一年
聚源	60000 元	籐景山	项仲明	同上	1922 年
大通	100000 元	郑小鹤	张耘田、王心田	同上	同上
宝隆合	30000 两	居雨卿	苏雨卿	针市街 22 号	光绪十八年
大利	100000 元	利中公司	宋云甫	日本租界旭街	民国十年 5 月
中实	50000 元	曹贯芝	刘鼎卿	同上	同上
鸿记	60000 元	杨华甫	曹子厚	北门里大街 139 号	民国五年 2 月
豫泰厚	50000 两	袁近安	李雨波	锅店街近仁里	民国六年 9 月
余大昌	50000 元	张瑞亭	王小岩	北门外 154 号	光绪二十九年
敦义	100000 两	冯彦臣	毛雅泉	宫北 14 号	民国六年 1 月

续表

商号	资本金	出资者	经理人	所在地	开业年月
敦庆长	50000 两	纪伯严	王郅清	北马路 153 号	光绪二十二年
祥顺兴	100000 两	张敬尧	王少州	宫北 36 号	民国四年 2 月
恩庆厚	50000 元	赵聘卿	赵聘卿	英国租界太沽路	民国八年 2 月
义兴成	50000 元	郭润生	郭子香	针市街 30 号	宣统二年 1 月
义成	50000 元	宁华庭	李云章	宫北 9 号	民国元年 1 月
义胜	50000 元	彭少武	焦世卿	估衣街 66 号	光绪三十年
义聚永	80000 元	李兰西	王焕卿	宫北 98 号	民国元年 2 月
义聚合	60000 元	王幼安	唐泸州	宫北 19 号	民国元年 3 月
恒兴茂	10000 元	蓝少臣	蓝少臣	日租界曙街	宣统元年 2 月
德源厚	5000 元	徐士俊	徐士俊	日租界福岛街	宣统元年 2 月
时利厚	50000 元	麦信艰	萧耀廷	英国租界太沽路	民国元年 1 月
天兴恒	50000 元	沈致	沈致	河北大街 53 号	光绪十八年
益兴珍	50000 元	刘益三	徐伯巷	东新街 6 号	光绪二十九年
敦昌	50000 元	冯彦伯	卢子林	宫北 35 号	光绪三十二年
晋丰	100000 元	孙朗轩	朱虞斋	竹竿巷 33 号	光绪三十二年
春华茂	200000 元	陈及三	孟吉甫	宫北 69 号	民国元年 3 月
洽源	150000 元	金程三	郭巨卿	竹竿巷 10 号	光绪三十一年
信富	100000 元	韩玉堂	韩玉堂	宫北 70 号	民国五年 1 月
利和	50000 两	李志堂	李志堂	针市街 78 号	宣统三年
永孚	150000 元	刘少云	王华圃	宫北 33 号	民国六年 2 月
永丰	100000 两	魏仲泉	张香	针市街 31 号	民国七年 1 月
天源义	30000 两	盛润齐	盛润齐	日本租界旭街	民国元年 3 月
久昌	30000 两	陆阴卿	张明齐	估衣街 69 号	宣统二年 9 月

续表

商号	资本金	出资者	经理人	所在地	开业年月
大康	30000两	刘小泉	郑志臣	日本租界旭街	民国八年3月
恒达	20000元	张子久	沈琴轩	同上	民国六年3月
谦益丰	50000元	张勋	王兆祥	同上	宣统二年1月
益兴亨	20000元	贾小轩	贾小轩	法国租界海大道	宣统二年1月
聚丰永	20000元	王维贤	崔兰亭	法国租界海大道	民国六年1月
元利亨	10000元	李绍州	李绍州	宫南45号	光绪三十年2月
永成	80000元	吉某妇人	王小洲	北门外6号	民国元年8月
大中银行	50000元	不详	王立久	宫北大狮子胡同	民国六年2月

【众多银行经营者存在的理由】 如上表所示，存在如此之多的金融业者是因为各自的资本金较小，加之中国没有统一的货币制度，在市面上流通的货币同其评价如何没有关系，均以实际价值通行。货币不仅作为货物交换的媒介使用，实际上也作为一种货物来交易。不仅如此，由于市场上还流通多种额度的外国货币，不同币种之间关系复杂，同时，由于供求关系国内外货币的汇价各异，特别是根据银币的高低金币以及铜币的兑换价格会有差异，还有每日的行情变动。处于这种情况之下的银行从业者盈利的空间很大。

第三项　日本相关银行以外的金融机构

【信托业】株式会社利中公司信托部（法国租界，电话南760、793）、东洋拓殖株式会社办事处（日本租界花园街，电话3521）、天津信托株式会社（日本租界，电话3458、4023）。国际起业株式会社（日本租界福岛街），社长藤波茂时，已投入资本金200万元的1/4，于大正十年12月30日开始营业。其目的是在中国投资所有的业务。中日共益储蓄株式会社（日本租界寿街），已投入资本金100万元的1/4，于去年[1]10月创设，还未开始运营。中国勤业株式会社（日本租界旭街），已投入资本金750万元的1/4，经营棉花种植、土地相关投资等业务。天津土地建筑株式会社（日本租界宫岛街，电话2950），资本金100万鹰洋，经营土地、建筑的所有贸易以及租赁业务。还有国际交易所信托部（法国租界，电话南795、1123、1206）。此外，国际交易所信托部（法国租界，电话南795、1123、1206）也计划在近期开业。

【当铺】天津共有冈田当铺（日本租界曙街，店主冈田实三郎）、中村当铺（日本租界梅小路，店主中久）、信成洋行（日本租界宫岛街，店主板仓志久）、丸沙当铺

---

[1] 1921年。

（日本租界天和里，店主笹谷八久）、千叶当铺（日本租界吾妻街，店主千叶初藏）、久米田当铺（日本租界寿街，店主山口茂）、志田当铺（日本租界寿街，店主志田次郎）、三乐屋当铺（日本租界福岛街，店主秋本勇藏）、信广洋行当铺（日本租界松岛街，店主川崎政）、花山当铺（日本租界常盘街，店主花山元助）、荣顺洋行当铺（日本租界平仪里，店主星野顺次郎）等11家。当铺相对而言较多，是由于殖民地流转不定的气氛使然。

第三节　税　关

第一项　税关的种类

【海关】天津海关（法租界紫竹林），在北京总税务司的管辖之下，由R. H R. Wade担任税关长。平时除处理本职的税务业务外，还掌管其他附带的诸般事务，也就是说不仅只办理与收税相关的外国进出口商品的课税、西洋型船舶的沿岸贸易税、船舶吨税、通过税（又称子口半税、抵代税），以及对鸦片征收的特别备注了税率的厘金、与退税相关事项，还包括特殊税（如河工税、码头税）等税务的各种手续费的征收，保税仓库、一般仓库以及税关附属仓库的相关事项、船舶以及货物的检查取缔、税关规定的对其他违例者的处分等附带事务，连与应由日本通信省掌管的港湾、水路以及航路标识、沿岸灯台相关的一切事务、培养海关工作人员相关的教育事务以及与统计相关的种种事务等也均由其负责，这在他处极为少见。

【钞关】天津钞关（东马路），又称天津常关，处于天津海关管辖之下。其所征收的税金属于通过税的一种，只是与一般所说的通关税性质有别，它是对日本货物、中国民船“平底帆船”及其所载货物所征收的税种。因其税率一般不对外公示，所以其轻重增减一任关吏操纵，其后受到海关的监督，逐渐得到整顿。

【厘金局】天津厘金总局（河北）由天津海关监督署管理，外国商品以及天津土货运往国内或内地货物运往天津时所征收的通货税就是厘金税。厘金税自开征以来就是不合理的税收，是商业发展的一大障碍。由于征税法的不统一、各厘金局缺乏联系、货物在所到之处的正局、分局都必须缴税，货物若要运往稍远的地方，往往在抵达目的地时途中所缴纳的税额已是原价的数倍。由于对贸易发展危害甚大，因此，1858 年设立了通过税（子口半税）制度，只需缴纳外国进口货物的进口税的一半、出口外国货物的出口税的一半，即可免除所有内地运输途中的厘金税。而且，钞关与厘金局无任何直接关系。

第二项　税捐的种类

【进出口税】此税由海关征收。进口税虽然一直以来都按照1902年8月29日制定、10月31日开始实施的税率征收，但是，在那之后由于银价飞涨、物价上涨，并未按照协定税率的原则从价5分的标准行事，结果从大正七年开始，在有关各国的委员集会上就关税税率换算一事，采用本次欧洲战争前后数年中的平均价格，将其换算为从量税，修正了进口税率，并就此签署了协定，于大正八年8月1日开始实施。新税率与之前的关税相比增长并不多，最低的税率是2分，平均增长5%，最值得注意的是协定规定了这回议定的税率在5年之后还要再次修改。出口税以从价的5分为准，在缔结《天津条约》之际，出台修正《南京条约》的《新定税则》（1858年制定），至今仍然适用，之后从未修订。该税率表上所列的货物数量不过100多种。该表未规定的进口货物税率按照进口税率征收，而且该表未规定的货物按照从价5分征收。这样，此从价标准一般需要每3个月修订一次。正在实行的是大正八年10月1日修改过的标准。进口税率表与出口税率表可以在书店购买，备在身边以便参考。

【沿岸贸易税】由海关征收的、国内关税的一种。课税对象只包括用西洋型船舶从内地的一个港口运输到另一个港口的国产货物，属于在其进口地所缴纳的出口税的附加税（中式帆船“平底帆船”及其所载货物所需缴纳的税款全由钞关掌管，因此与沿岸贸易税无关）。根据1861年11月制定的沿岸贸易规则，其税率与通过税相同，负税商品的税率是出口税的1/2，免税商品的税率是从价2分半。在这里需要注意的是，大体上中国内地的货物在经由海关运往沿岸的某个港口时，应视同运往外国，这些货物除了需缴纳普通的出口税之外，每到一地都需按前述税率缴纳沿岸贸易税。也就是说，该税由发货地的税关征收，金额的计算方法以出口税为标准，其形式也像出口税一样。

【子口半税】又称抵代税，取代钞关税、厘金税及其他杂税的税种。本来中国内地各处都有钞关和厘金局，货物在进出口时，除税关之外还要向这些钞关、厘金局缴纳种种税款，十分繁杂又非常不便，因此，英国率先为排除这个障碍采取了行动，最终在1858年缔结《天津条约》时，将以下几个约定写进了条款当中：对负税商品，在进出口时不问从价从量，取本税（进出口税）的1/2；对免税商品，收取相当从价2分半的税金，内地货物向途中通过的第一个厘金局、外洋货物在开港场向钞关支付后，便没有再向其他内地各税局即钞关以及各地的厘金局纳税的义务。接下来的《中日通商条约》进一步明确这些事项的意义和关系，即进出口货物缴纳了子口半税之后免除其他一切内地税。

【吨税】此税是对为进行外国贸易而进入通商港的船舶所征收的税种，由海关进行征收。其税率根据船舶的吨位而不同，150 吨以上的商船按登记吨位，每吨征收银 4 仙；150 吨以下的商船也同样，每吨征收银 1 仙。缴纳过一次吨税的船舶在之后的 4 个月里不会被通商港重复征收。

【钞关税及厘金税】由钞关和厘金局征收的税种。前者一般是 2 分 5 厘，为进口税的半额，后者因各省各地而不同，或征收 2% ~3%，或征收 5%，不固定。外国商人一般适用于抵代税法，因此，关于此税率于此虽无需赘述，但它与抵代税（子口半税）有本质上的关系，所以还是应该就其征收方式简要说明几句。货物在运往内地时需要向海关缴纳抵代税以得以中转，对钞关、厘金局只需缴纳 40 仙的验印费即可。若没有采取上述方法，则必须缴纳 2 分 5 厘（也就是进口税的 1/2）的钞关税以及超关税的 1/2 即 1 分 5 厘（进口税的 1/4）的厘金税。另外，将内地货物运往天津时，事先缴纳一点手续费，从海关那里领取三联单，凭借此单在运输途中可以不用向沿途的厘金局纳税。抵达天津后，向钞关缴纳抵代税、领取子口税单，只需支付出口税就可以完成出口。若没有采取这个方法，就必须向各地的厘金局交清厘金税，否则不得运输，抵达天津时还必须缴纳钞关税及厘金税。

【白河河工税】它是海河工程局为了筹集白河整修费而征收的税金，税率是进出口税的4%。为方便起见，与本税一起由海关代为征收。

【码头税】大正八年5月1日开始，英法两租界对在其辖区内码头装卸的货物征收进出口税2%的税金。这并非码头税，而是名为“码头通过税”的一种特别的新税种，与港湾完全无关，缴纳的税金全部归入英法租界的收入。因为是向各国人收取，为方便起见与河工税一样由海关代为征收。

第三项　通关手续

【进口手续】申报：所有进口货物，在该货船的入港手续完成之后才可以进行申报。而且船舶的入港手续是否完成，应该在该船舶公司申领其海运提单的副本时予以告知。申报人应持有供货商出具的海运提单，到船舶公司进口科领取副本和载货目录号码，与进口申报书一起提交给税关受理科。申报书中应写明的事项有船名、发货地地名、申报年月日、载货目录编号、申报人商号、唛头、货物目录编号、打包数、物品名、内容品个数、打数（又称匹数）、重量以及价格（换算成海关两），切记要工整地记述这些事项。用海运提单代替提货单所走的程序过程并无不同。税关进口科在核对船舶公司提交的此类文件与货单没有错误后，会在货物进口申报书后加盖印章并返还给申报人。

检查：申报人到检查办事处向检查官出示返还回来的文件，申请货物检查。有时检查员会指定应当检查的货物搬运以及检查方法，因此要按照所指定的那样到货物所在的仓库，告知其保管者后，将货物提出并搬运至检查员处接受检查。检查货物临时出库之际，以普通检查场指定的劳工搬运为例，劳务费由劳工头负责，与税关及船舶公司无关。检查结束后应恢复临时出库货物的原状并将之重新入库。此时往往会发生货物的部分损失，应多加注意。检查官在申报书上附记记号以及与本次检查相关的意见之后转送至税关。有时，检查官示明记载的大致意见并就此对申报人进行明确说明，不可因检查官的疏漏而造成误解。

纳税及手续完成：申报人完成上述手续再次回到税关后，之前的申报书应该已经经由检查官到达办事员手中，办事员会按照所写的意见在申报书上写上进口税额，交给申报人。申报人持申报书到税关内的征收工作人员处，出示申报书，缴纳进口税金后工作人员给申报书盖章，再回到之前的工作人员处。之后，该进口科员会收回上述进口税的收据，后附海运提单和通过证（放行单）。至此，进口手续全部完成。通过证是日本的进口许可证，申报人可凭借海运提单从船舶公司提货。保管好通过证，以后再出口该货物时可以凭此通过证免予二次纳税，凭此证还可以办理之前的进口税退税。

【出口手续】申报：有出口货物的意愿时，首先要到负责托运货物的船舶公司，将货物的内容告知，签订保证书，领取装船指定专用单，与货物出口申报单一起，模仿进口申报单写明货物的名称、个数、斤量、船名、发货地等事项，提交给税关受理科。之后科员会检查这些单据，检验装货船的入港及载货手续是否完成后，在申报书后盖章并返还申报人。

检查：申报人将出口申报单、装船指定单以及要装运的货物携带至码头附近的税关检查所，向检查官出示出口申报单然后申请检查。此时办事员会核对出口申报单及装船指定单，完成货物检查后在出口申报单上写明相关意见，并将出口申报单与装船指定单一起送至税关。

纳税及手续完成：税关工作人员在收到回送的文书之后，根据上面所写的意见，把出口税额写上以后交还给申报人。像进口手续一样缴纳税金、盖上印章后，回到之前的工作人员处，该工作人员回收之前的收据、在装船指定单上盖上已纳税的印章后返还给申报人。这就相当于税关通过的证明，有允许载货的效力。至此，税关的手续就完成了，出口人携带上述装船指定单到有载货资格的船舶完成装货后，拿到该船的装卸股长在与指定单联结的该船收据上的签字，并将单据交给船舶公司，方可申请换取海运提单。

【内地通过手续】货物的内地通过手续，适用于外国货物运输到除通商港口以外的内地地区、在内地采购货物两种情况。出于内地货物运往外国或外国货物运往通商港口以外的内地这两种目的的，缴纳了通过税即子口半税后，就可免除一般在内地应缴纳的一切厘金。在这种情况下，手续一定要在钞关总局办理。外国货物转运内地时，要按照规定，在申报单上写明货物的明细，提交给钞关总局的税金计算科，工作人员就写上税金然后返还申报人，申报人直接到局内的银行缴纳税金。银行在申报书上盖上已纳税的朱印后，将之返还申报人。申报人再将之提交给税单科，换得税单。该税单是供货物途中所要经过的分局检查员进行检查用的。税单相当于子口半税的缴纳证明，有了它沿途的厘金局就不会再征收厘金。但如果去北京，就必须在当地缴纳入市税。入市税是货物进入北京的落地税，属于应在消费地缴纳的一种厘捐，照例是收取从价的3%。

接下来是在内地采购货物的情况。在本国领事的税关长处申领买土货之报单，携带该单据，方可在内地采购货物，这已经成为通例。买土货之报单可以断成三张，称为三联单。三联单的有效期是一年。持此单可在内地采购货物，运往通商港口时，在采购地到通商港口的途中经过的第一个厘金局出示三联单，三联单中的一份单子就由这个厘金局直接送到发货港口的税关，另一份单子留存在局里，还有一份会附在货物上或送到税务监督署换取另外的运照，并不固定。总之经过上述手续后，在之后沿途的厘金局，为了证明货物的通过会在运照，或是剩下的那份三联单之一的单子上盖章。之后，货物抵达天津时，如前所述到钞关总局缴纳子口半税，拿回税单，领取货物。如果携带此税单到海关支付指定的出口税，就能获取出口资格。

【再出口手续】再出口是指曾经进口的物品再次出口外国，和所有一般出口的手续并无不同。但是，初次进口时从税关处得到的通过证，要与再出口申报单一起提交，如果货物与通过证上所记载的内容没有差池，可以退还进口税。进口税申请退还的期限是进口后的一年内。这种情况下最需要注意的是货物的编号，以及确认货物与进口时一致，检查极为严格。因此，申报人在申报出货时有必要事先核对通过证与货物，确认是否有差池。

【注意事项】海关的假日及工作时间——税关的假日是每周日、阳历1月1日至3日、农历正月初一、二月十二日（民国政府成立纪念日）、耶稣复活节的前一个星期五（Good Friday）、农历五月初五（端午节）、十月十日国庆日、农历八月十五（中秋节）、12月25日（圣诞节），春秋赛马会当天临时休假半日，从早上8点到中午12点开门。休假的时候会通过报纸广告通知或者在税关内进行公示。另外，工作时间则是每天上午10点到下午4点，12点到1点半是午饭休息时间。货物的装卸时间是从日出到日落（早6点到晚6点），在此以外的时间要支付规定的加班费。

海关两：中国政府官方自古使用的银两有库平银、海关银等名目。库平是税关以外的其他政府部门使用的出纳银两，而进出口税等税关所使用的银两则称为海关两。海关两与各地通用的银两的汇率是：海关两100两等于上海银111两4钱、汉口银108两7钱5分、牛庄银108两5钱、天津行平化宝银105两。海关两不仅与各地的银两存在差异，而且与实际通用的货币银元（鹰洋）之间的汇率也在不断变动，因此，支付税金时的换算极其复杂。而且随着汇率的浮动，以金本位制为基础的外国货币的换算率也经常变动，因此，税关每周都会把变动后的换算率公布出来。在此试将天津海关在今年[1]6月8~14日的各国货币换算率列举如下。

海关两100两=天津行平银105两

海关两1两=英币31志19片4分7[2]

海关两1两=法郎9法45

海关两1两=俄币不定

海关两1两=印度币2留84

海关两1两=日币1元84钱

海关两1两=墨西哥币1元50仙

英国货币1镑 =5两8分

关于各种通关货物的重量——中国度量衡的繁杂、其使用的困难正如前所述，通关时必要的度量衡可以使用前

---

[1] 1922年。

[2] 志：先令，英国1971年以前的货币单位，为1英镑的1/20。
片：便士，100便士为1英镑。

面已经介绍过的外国商人、中国商人所用的度量衡，长度标准是英寸英尺、容积标准是加仑、重量标准是将 133 磅的 1/3 作为的中国一担。就这一项，应该在实用的角度上为大家作参考。各货物的通关重量、数量标准如下所示。

<table>
<tr><th colspan="2">货物名称</th><th>单位</th><th>重量、数量</th></tr>
<tr><td rowspan="9">原棉</td><td rowspan="4">中国产</td><td>铁卷（1 捆）</td><td>约 400 斤</td></tr>
<tr><td>袋装（大袋）</td><td>约 180 斤</td></tr>
<tr><td>袋装（中袋）</td><td>约 120 斤</td></tr>
<tr><td>袋装（小袋）</td><td>约 60 斤</td></tr>
<tr><td>印度产</td><td>同上</td><td>约 300 斤</td></tr>
<tr><td>埃及产</td><td>同上</td><td>约 550 斤</td></tr>
<tr><td rowspan="2">美国产</td><td>角捆</td><td>约 375 斤</td></tr>
<tr><td>圆捆</td><td>约 187. 5 斤</td></tr>
<tr><td colspan="2">纺织棉线</td><td>同上</td><td>约 300 斤</td></tr>
<tr><td colspan="2">水泥</td><td>1 桶</td><td>300 斤</td></tr>
<tr><td colspan="2">小麦（美国）</td><td>1 蒲式耳</td><td>48 磅</td></tr>
<tr><td colspan="2" rowspan="2">小麦粉（美国）</td><td>1 袋</td><td>49 磅（日本的 37 斤）</td></tr>
<tr><td>1 桶</td><td>196 磅（日本的 148 斤）</td></tr>
<tr><td colspan="2">印刷用纸</td><td>1 令</td><td>500 张</td></tr>
<tr><td rowspan="2">笔记用纸</td><td>大页书写纸</td><td>同上</td><td>480 张</td></tr>
<tr><td>小页书写纸</td><td>同上</td><td>480 张</td></tr>
<tr><td colspan="2">油漆</td><td>小罐</td><td>28 磅</td></tr>
<tr><td colspan="2">亚麻籽油</td><td>1 罐</td><td>5 加仑（英）</td></tr>
<tr><td colspan="2">石油</td><td>1 箱（2 罐）</td><td>10 加仑（美）</td></tr>
</table>

续表

货物名称	单位	重量、数量
各杂货	1 打	12 个
	1 罗	144 个
	1 大罗	1728 个
木材	1 立方英尺	1728 立方英寸
	1 平方尺（厚度为 1 英寸的 1 平方英尺）	144 立方英寸
咸牛肉	1 桶	200 磅

各种油的重量		
油	单位	
	1 加仑（美）	1 升（日）
菜籽油	5.7～5.8 斤	2.71～2.77 斤
棉籽油	5.81～5.86 斤	2.77～2.79 斤
机械油	5.5～5.67 斤	2.64～2.7 斤
豆油	5.82～5.84 斤	2.77～2.78 斤
石油的重量		
石油（15 摄氏度）	1 加仑（美）	1 升（日）
美国石油	6.50 磅（4.914）	2.34 斤
俄国石油	6.88 磅（5.2）	2.473 斤
酒精的重量		
1 加仑（英）	1 升（日）	1 升
8.125 磅	2.438 斤	1.35 斤

【异议的申诉】中国海关税率采用的是协定均一税率制，进出口货物都以从价的 1/2 为标准税率进行课税，货

物的课税价格为各进口地方的市价换算为海关两后再减去12%。之所以定为12%，是因为假定该货物要支出的成本是关税5%、利率2.5%、中介回扣1%、卸货杂费1%、手续费2.5%。因此，如果以货物的CIF价格进行交易且不包含税金、手续费及其他杂费，则此CIF价格作为课税价格再减去前述12%的规定就不适用了。提交货物进口申报单后，若在检查的结果、货物的价格或者货品类别上起了纠纷，则由税关吏的一员、进口申报人所属的领事任命的商人一名、与进口申报人国籍相异的首席领事选出的商人一名召开关税异议仲裁会，裁决异议。该决议由多数票通过决定，当事人必须服从决议。裁决要在自异议提出之日起除去假期的15天内告知当事人。

除了课税价格会产生异议以外，税率的适用范围、是否征税或手续上的事，往往都有可能引起申报人和税关之间的纠纷。在这种情况下，申报人应首先向税关理事或税金科提出异议，姑且听一听这些部门的意见如何，若不满其解决方法，则向上请求税务司即税关长进行裁决，若还是不满，则申请本国领事与税关长进行交涉。领事协调顺利时，就可借助领事或北京公使的力量，等待总税务司的裁决。异议申请人需提供税金的担保或是抗议时暂时缴纳进行提货。一般争议的最终裁决都是由北京公使馆和总税务司或者外务部进行。

【发送货物的注意事项】（1）箱印及编号。在货物上附加箱印虽然已经成为普遍的习惯，但时不时还是会马虎没有加箱印就发货的，更不必说编号了，十有八九不带编号，给通关带来极大不便。为了解决这一问题，规定没有编号的货物在再出口时不得享受退税，因此，无论如何都不要忘记在所有货物的包装上盖上箱印及编号。而箱印往往都很类似，尽可能地在箱印上加上自家的商号，以同其他商店的箱印区分开来，这样就会便利许多。

（2）发货单。税关内仅能通用中、英两语，因此必须用英文认定。货物的数量级名称要依课税的标准而确定单位。现行税率表中课税单位的种类有：担（picul）、个、匹、根、张（piece）、斤（catty）、打（dozen）、磅（pound）、箱（box 或 case）、英制加仑（imperial gallon）、美制加仑（american gallon）、加仑（gallon）、对（pair）、吨（ton）、罗（gross）、码（yard）、卷（rall）、英尺（foot）、盎司（ounce）。

（3）海运保险单。在通关上，海运保险单是与送货单相对的，起着背书的作用。添附了海运保险单的送货单，信用度大大提升，在“Invoice seen”的标志下货物不经检查就可以通过。

（4）明细单。送货单上登记的货物多种多样。如果同一个包装里混装着数种不同的货物，或者各种货物的容量各不相同，就应该在普通的送货单之外，根据货物的编号，再制作一份详细的明细单。

（5）其他注意事项。内地的运送店在营业上为了讨老客户出货人的欢心，有时会对船舶公司瞒报数量，企图减少货运，这样一来，装船证上所记载的数量与实际货物不相符，因此，在依据装船证交接买卖时会产生很大麻烦，而通关时收货人偶尔会只持有装船证而没有进口申报书，那么，在检查时经常会因为数量相差甚大而与税关发生不愉快。而且在货物运送完成后，相当于兑换证的装船证，内地运送店往往延迟交付，当地的收货人尽管收到了货物，却因为装船证没有到手而耽误了通关手续的办理，结果只能白白地耽搁时日也错失商机，货物也因停滞而有所破损，就算没有产生这些损失，也多花费了许多无谓的费用，因此，出货人应当注意及时交付装船证。时常会发生装船证上明确记载了指定交货而发货人却未做背书就发送货物的情况，在这种情况下，即使收货人完成了通关手续，也无法获取该批货物，造成货物再次回送日本重新背书的严重后果，给收货人带来恶劣的影响。当然，在银行办理货汇是可以同时在该行完成背书的，虽说不需担心，但是邮寄的时候，谨记时时留心，不留纰漏。

第四节　商业概况

第一项　贸易额

天津是中国北部最具优势的商埠，其所依托的市场之大在中国的通商港口中堪称第一，是直隶、山西的大部分地区以及陕西、甘肃、内外蒙古、山东、河南等省部分地区进出口各国货物的集散地。天津的贸易额呈逐年增长的趋势，大正九年❶虽然比前一年减少了1500万两，但贸易总额还是达到了1亿8000万两。根据下表所示的贸易额，可以得知这个趋势。

【贸易额各表】

天津贸易总额明细表　　（单位：海关两）

年份	进口总额	出口总额	总计	再出口金额	纯进出口金额
1915	80366380	49859964	130226344	5172886	125053458
1916	88237184	48710122	136937306	3916907	133020399
1917	103779708	42118824	145898532	3537871	142360661

❶ 1920年。

续表

年份	进口总额	出口总额	总计	再出口金额	纯进出口金额
1918	104850201	51180055	156030256	2891613	153138643
1919	119931566	71550331	191481599	1705665	189775934
1920	131625260	44588520	176213790	2731248	173482542

天津对内地的运输及货币的进出口表　（单位：海关两）

年份	子口单附输入	三联单附输出	金银	
			进口	出口
1915	32191949	19578051	9953529	2287198
1916	28878427	20325114	7985287	2443298
1917	29157859	15190882	2009974	3051085
1918	27241620	21231144	6531509	351411
1919	36478575	25681375	11742600	930198
1920	36904356	17695000	1854113	189945

天津对外直接贸易额表（本表含天津与日本的贸易额）

（单位：海关两）

年份	进口额	出口额	合计	中国商品的再出口额
1915	40636947	15333933	55970880	1563867
1916	44328321	20099829	64428150	1270813
1917	53511587	15905023	69416610	1470912
1918	59367823	26441850	85809673	381121
1919	66882879	27471054	94353933	55325
1920	69854893	18245320	88100213	2936031

天津对日本的直接贸易额表（含台湾地区和朝鲜）

（单位：海关两）

年份	进口额	出口额	合计	外国商品的再出口额
1915	23230848	11707264	34938112	1002490
1916	26051104	17235592	43250696	624488
1917	33143969	13551656	46695625	603261
1918	41582233	23794191	65376424	335892
1919	40476164	21478868	61955032	249388
1920	31398598	12330707	43729305	229018

大正九年天津与日本间的直接进出口贸易额如上表所示，总计 43729305 两，其中出口金额 12330707 两，进口金额 31398598 两。与大正八年❶相比，出现了进出口总额下降了 18225727 两，出口金额下降了 9148161 两，进口金额下降了 9077566 两的大萧条。然而将大正七年❷也算上的话，每年都在以一成以上的幅度增长。现今天津对日本的贸易额占全天津贸易总额的 176213790 两的 2 成 4 分 7 厘，占天津对外直接贸易额 88100213 两的 4 成 9 分 6 厘。

第二项　重要进出口产品

【主要出口产品对照表】（含再出口）

---

❶ 1919 年。
❷ 1918 年。

商品名称	单位	年份		
		大正七年	大正八年	大正九年
黄铜（古）	担	23162	3934	1210
铁	担	278837	3410	10207
猪鬃	担	20265	17158	18802
石炭	吨	38092	83436	150986
焦炭	吨	26595	15055	6481
古董	两	63934	224905	337568
鸡蛋	个	64123044	81910520	206312120
麻（黄）	担	43812	53010	10926
马鬣及马尾	担	7264	6657	9158
甘草	担	45478	123827	93390
梨（鲜）	担	73390	43813	157492
药酒	担	27488	30738	46180
棉籽	担	54911	458830	467204
西瓜种子	担	44178	28609	31096
皮衣	件	284125	223604	164301
绵羊褥皮	张	14359	10540	44114
山羊皮（已硝）	张	821176	763143	607636
绵羊皮	张	664734	567421	203651
纯碱	担	21119	19655	16700
兽脂	担	24979	17301	23272
胡桃	担	23842	90749	34309
胡桃仁	担	18569	41315	18067
骆驼毛	担	44415	35684	35365
豆类	担	345644	1135754	185485
废骨	担	265535	338365	255636
绒毡	张	10042	15260	22969

续表

商品名称	单位	年份		
		大正七年	大正八年	大正九年
石炭（汽船用）	吨	50923	59528	83180
棉花	担	326032	530881	258568
枣（黑）	担	34318	39900	33431
枣（赤）	担	64091	58286	60000
落花生	担	11940	59117	35143
生牛皮	担	13384	17633	14911
药材	两	583637	531723	535797
烧酒	担	38544	72868	74318
杏仁	担	21596	22970	19703
亚麻仁	担	94361	241256	98411
菜种	担	105334	149334	18565
山羊褥皮	张	77390	279616	215212
狐皮	张	18292	44785	40987
仔羊皮	张	262030	268404	133343
山羊皮（未硝）	张	2481876	4539358	2214823
麦秆绦带（班）	担	28405	56545	21185
麦秆绦带（白）	担	11812	24242	17050
山羊毛	担	14589	19640	7976
绵羊毛	担	276911	279374	81801

如上表所示，从中国到日本年出口额在 10 万两以上的有：生铁、黄铜（古）、铁（古）、焊锡蜡、废骨、猪鬃、绒毡、石炭、焦炭、棉花、蛋白及蛋黄、鸡蛋（生的

及经过调味的）、黄麻、大麻、马毛、花生油、杂植物油、亚麻仁、菜籽、牛皮（未硝）、山羊皮（未硝）、马皮、驴皮、骡皮、羊皮、麦秆绦带、牛油、核桃仁、骆驼毛、山羊毛、羊毛等。

【主要进口产品对照表】本表中所示数据都是纯数额，商品名称里的日、英、美等记号分别代表日本、英国、美国、荷兰、印度等国。

商品名称	单位	年份		
		大正七年	大正八年	大正九年
素色未加工细棉布（美）	匹	7000	17400	18640
素色未加工细棉布（英）	匹	81524	118304	120032
素色漂白细棉布（日）	匹	75665	311755	186814
素色漂白细棉布（英）	匹	115950	191763	335217
牛仔布（美）	匹	6160	6980	2840
牛仔布（英）	匹	10745	15560	58515
薄帆布、珠罗纱、平纹细布	匹	27683	27984	35011
光泽夹棉印花布	匹	196893	406325	458545
红色细棉布	匹	29242	39532	11143
蚊帐布	码	63381	255720	110176
手帕	打	72054	45885	—
手帕（日）	打	14890	51567	67577
棉织纱（印）	担	50419	47149	20714
棉织纱（日）	担	192822	184269	149585
床单布（中国）	匹	193129	9349256	312830
云斋织（中国）	匹	159111	108088	140356

续表

商品名称	单位	年份		
		大正七年	大正八年	大正九年
棉织纱（中国）	担	159053	155384	122326
线钉	担	10168	35603	25185
古铁	担	6856	39839	102793
叶铁板	担	59963	67629	89152
棉真田绦带	个	154800	28650	44762
纸卷烟草	千根	1344394	938034	966540
挂钟	两	79379	78223	43807
窗玻璃	箱	29029	38496	57165
火柴	罗	110	300	1904
火柴（日）	罗	1523280	2309876	924571
缝纫针	千根	514915	965270	785360
石油（美）	加仑	9052460	28102889	24085552
石油（日）	加仑	129040	50050	20000
石油（苏门答腊岛）	加仑	11921061	5718486	6057699
海带（日）	担	91946	69229	57910
肥皂（杆状）	担	33448	3487	21805
肥皂（化妆）	两	163022	182944	183743
石料（大理石、御影石等）	两	19896	26858	13461
硬木梁	立方英尺	1520612	837959	70823
软木梁	平方英尺	2189972	11117605	2971449
木材及木板	平方英尺	20342	1521585	970140

续表

商品名称	单位	年份		
		大正七年	大正八年	大正九年
软木板	平方英尺	2538429	6789151	16853535
上等纸（中国）	担	32724	34850	31428
次等纸（中国）	担	57792	59821	53157
瓦器陶器（中国）	担	39768	31735	40562
素色床单布（美）	匹	56058	97817	80080
素色床单布（英）	匹	342	3030	43129
素色床单布（日）	匹	516133	419543	239720
云斋织（美）	匹	930	7535	7120
云斋织（日）	匹	415901	433970	126814
天竺布（英）	匹	70924	64519	79016
天竺布（日）	匹	236862	473653	339363
素色/彩色棉（意大利）	匹	137271	74518	70615
法兰绒	匹	29600	88182	49123
毛毯	张	4858	2254	—
毛毯（日）	张	—	123725	93593
毛巾、泡泡纱	打	81	153	9
毛巾、泡泡纱（日）	打	4570	115473	737
棉纱（辘轳卷）	罗	62410	97822	93653
麻及棉帆布	码	71467	111977	116394
条铁	担	50958	106571	173049
箍铁	担	17702	30312	43667
薄板（铁及软钢）	担	26285	65995	77652
铁及钢铁制品	担	53488	99309	163620

续表

商品名称	单位	年份		
		大正七年	大正八年	大正九年
生铁	担	7395	48972	72704
纽扣（黄铜）	罗	129923	132340	59914
纽扣（装饰）	罗	35068	52272	38246
苯胺染料	两	114147	214374	555175
铁器	两	204854	408067	636717
机械	两	618418	1803954	2279658
炼乳及奶油罐头	打	50867	86251	6309
机油	加仑	558030	713648	689381
纸	担	103312	180700	131309
枕木	根	194310	517424	592700
其他铁道材料	两	787095	1746323	1257676
绢及棉缎带	两	787095	1746323	1257676
纯碱	担	36377	205285	135679
砂糖（红）	担	489196	156667	123737
砂糖（白）	担	35150	15343	23468
砂糖（精制）	担	511159	282076	208931
砂糖（冰）	担	78397	47956	12413
米（中国）	担	253315	574097	606402
纸卷烟草（中国）	担	41918	41938	46440
麦粉（上海机械制）	担	646503	709937	1387358
桐油（中国）	担	17096	31867	18006
绿茶（中国）	担	64535	76548	72360

如上表所示，从日本进口的货物当中，年额在 30 万两以上的有：素色未加工细棉布、素色床单布、素色漂白细棉布、云斋织、牛仔布、各种天竺布、棉更纱、素色着色棉、棉纱、纸卷烟草、制革、缝纫针、火柴、枕木、纸类（含板纸）、肥皂及制造材料、精糖、硬木材、铁道客货车（含电车）等种类。

第三项　通商区域

天津的商业区域一直颇为广泛，可以说是掌握了直隶、山西、山东、河南、陕西、东三省、甘肃、新疆及内外蒙古以及中国北部一带的供需专权。但是，近来随着铁道的铺设、海运业的发达和竞争港口的出现，通往南方唯一运输路径的大小运河及众多河流的运载量年年递增，导致天津的商业区域渐渐缩小。

【东三省】东三省与天津自古以来就保持密切的商业往来。一是从陆路北上到奉天，二是通过民船到达满洲沿岸各个港口，长久以来与营口并称为“对满蒙贸易的两大要津”。但是，俄国“租借”了大连而后又由日本接手经营，地势上的不利使天津的商域被逐渐蚕食。如今，除了木材、杂粮及少量的杂货外很少再有别的贸易往来，天津与东三省之间的经济交通如今极端疏远，多说无益。

【直隶省】 直隶省从地理上和交通上来看都属于天津的商域，这是无可争辩的事实。从两地间的贸易额看，单是货物输入就在天津贸易总额中占了50%以上，山西、山东、河南、蒙古、东三省以及其他地方所占份额不超过40%。输出所占的百分比虽然不如输入抢眼，但直隶也以一省之力与其他数省保持旗鼓相当之势，可也有两个例外。

一是长城外一带地区，虽是直隶省中与东三省最为接近的地方，多年以来也都属于营口的势力范围之内，近来随着秦皇岛商业势力在此地的扩张，天津的商业势力蒙受了一大打击。即热河中平泉以南都属于天津及秦皇岛的势力范围，建昌的过半供给都靠营口，而朝阳的货物供给更是经由锦阳全都仰仗营口。虽说如此，输出方面全都掌握在天津商人手中，经由热河的蒙古畜产等也全都面向天津。

二是南方大名府的管辖区域。最近随着青岛的崛起，该地经由济南的供给受到了威胁。而且南运河的便利和商人的保守观念助长了这一令人担忧的现象。

【山西省】 天津通商区域中贸易额排名第二的就是山西省。因为地理关系，该省自古以来就处于天津的势力范围之内，不容其他城市觊觎，然而京汉铁路开通以后，该省南部与汉口相近，部分供给转移给了汉口。但土货的运出几乎全到天津，并无妨碍。总之，除南方部分地区外，全省还是属于天津的通商区域。

【蒙古】 蒙古一直以来都是俄国、满洲以及天津三大商业势力的角逐场。从日俄两国及中国各地运入杂货日用品，与此相对，蒙古输出羊毛、兽皮、牲畜和药材，而且输出常常超过输入，在入超的中国是一个特例。而三大商业势力的消长虽然在时间上、地点上或是在货物的种类上都难以一言以蔽之，但是大体上，兴安岭以东属于满洲的商域，兴安岭以西的地区为俄国和天津所平分，戈壁沙漠以北属于俄国的势力范围，在此以南尤其是察哈尔八旗属于天津的商业区域。张绥铁道开通以来蒙古约 2/3 的贸易都经由天津，这也是之前提到的天津最为得意的一点。

【新疆】 该省地处边陲，交通极为不便，虽尚不能说与天津的商业关系很密切，但一方面经过归化城在住新疆庄（新疆贸易商的大多数是天津人）、甘肃省各市商人的经营，久而久之就建立了商业关系，贸易额也呈累年增加之势。但是由于地理关系，该省 2/3 的进出口都紧紧掌控在俄国之手，所以天津只能维持余下的 1/3。

【甘肃省】 该省是汉口和天津这两个市场势力的角逐场。在这场角逐中常常展现优势的是天津，不算它所独占的输出，价差盈利也达到了约一年 200 万两。但也难以断言本省的大半都处于天津的势力范围之下，近来两者之间的悬殊差距有逐渐缩小的趋势，这是不争的事实。

【陕西省】陕西省也是天津和汉口的共同市场。汉口借着汉水之便利，在货物输入上已经占据了数倍于天津的优势，但两者的势力却是逐渐接近的。货物输出大体上处于天津的掌握之下，汉口在这方面金额仅有十万两级别，与天津的百万两级别不可同日而语。总体上，陕西省不足 2/3 属于汉口的势力范围，天津则拥有余下 1/3 强的商业势力。

【河南省】自古以来，河南省的经济区域就被交通要道一分为二。黄河右岸，即河南南部，其货物集散地是周家口，该处还是汉口铁路与沿颍河水道出镇江的两条交通要道的交汇处。黄河左岸，即河南北部，其土货集中在卫辉府。从卫辉府沿卫河直下，再从南运河出临清运送至天津。最近随着青岛的振兴，借助黄河的水运先在济南卸货，然后再从济南到天津的趋势也渐渐显著。总之，在河南，汉口、镇江、天津及青岛这四大城市的商业势力犬牙交错。可以得知，进出口的 60% 多与镇江、青岛的领地相关，而汉口、天津只占了余下的不足 40% 份额。

【山东省】山东省的供需一直以来都被芝罘、镇江和天津这三大势力所瓜分。即，芝罘拥有本省北部及中部的客户；镇江占了临近南部的江苏、河南两大省份的地利；天津则割取了直隶与山东边界沿线各地的市场。且不说它们在此间逐年的此消彼长，德国经营青岛，而此后的青岛又为日本所占，这给原本称雄中部的芝罘沉痛一击，如今芝罘只能退守北部沿岸地带，势力衰退到无法越过这一带的地步。镇江、天津的市场也蒙受了巨大损失，天津只保得住直隶省边境运河的沿岸各地。就这样，山东省的商业领域来了一次大洗牌，大半部分地区被划入青岛的势力范围。

第四项　交易习惯

【交易季节】天津的海滨一带，每年从 12 月中旬到来年 2 月末的 3 个月里，与白河相连的所有内陆河的水运都会堵塞，货物运输也会停止；在夏季最炎热的时候，与内地进货的客人往来也会中断，因此这个地方的商业交易划分为淡季与旺季两季。如果以四季为时间轴来详细说明：第一，春季（3 ~ 5 月）是刚刚度过了河水的冰冻期，海陆运输全部重新开通，这段时间各种各样的商品从四面八方汇集而来。进口从春夏到初秋的必备货物，还有各种特产的兽皮、羊毛等从内地输送过来再出口，商品的进出口交易极为活跃，是一年中商品交易最盛况空前的季节；第二，夏季（6～8月）是商业萧条的季节；第三，秋季（9～11月）作为交易冬季冰冻期必需品与粗粮的输出季节，商业复兴，成为仅次于春季的商业繁盛期；第四，冬季（11月～次年2月），迎来一年当中最重大的节日与最长的假期农历春节，又因为各个河海的交通状况也很拥堵，旅客和货物往来交易也仅限于能够通汽车的地方，因此，冬季是一年中商业最闲散的季节。

【交易结算】在固定区域经商的普通外商，特别是与中国商人交易的外商之中，有用现金交易但要延长一定交货期限的惯例。普通的现金交易是在货物抵达的同时一手交钱、一手交货。但是，中国商人基本都会延期付账，也就是说能立刻收到现金货款的情况非常少。因此各种货款当然就像工资一样变成在一定季节之外支付的情况。一般的结账期是在农历五月初五（端午节）和农历八月十五（中秋节）以及农历腊月最后1天（大年三十）。中国商人交易的期限一般为：小买卖（仅十几元的交易）一周；数额稍大，10～200元的交易为一个月；大交易为两个月。外国商人对中国商人限定的交货时期通常为一个月或两个月。但是，实际上比这个期限要长的情况也是再自然不过了。因此，贸易越是繁荣，应付账款的数额就越大，很难说这个地区的贸易促进金融的发展。

【汇率结算】如上所述，由于有限期现金交易已经变成了一种习惯，在这段期间内买主和卖主也承担了汇率变动的风险。普通的棉布贸易的卖价采用金本位制，其他各种商品以当地的通用货物为标准决定价格。所以，在后者情况下卖家当然要为汇率的变动承担风险，在前者的情况下买主就不需要顾虑汇率风险。于是，买卖双方之间经常因为汇率而产生各种问题，尤其是买方是中国商人的时候就需要周到处置。不管怎么样，就算中国商人在贸易过程中没有获利，他们也期望能通过汇率赚钱。如果能在买卖中赚取薄利，他们也会继续敏锐地关注汇率从而获得更多的利润。

【不仅延期交货，还赊欠账款】如前文所述，由于延期交易已经成为习惯，到了交货期限也不能结款的情况往往不能避免。于是，除了造成就赊销货款这种结果之外，还让每年的初春和夏天也变成了所有金钱交易全部休止的状况，这令外国商人非常苦恼。其一是农历的正月到二月，其二是农历的五月到六月。更详细地说，正月初一到十五是中国人一年中最盛大的节日，自不必说住在当地的商人，从外地来经商的商人也都回到老家和亲人团圆，自然没有空闲去管理账目。中国人在正月的前半个月的喜悦程度出乎笔者的意料，所有社会机构全都放假，更别提商业活动了。正月十六、十七、十八的3天里，“掌柜的”会把一年间的经营情况汇报给东家（资本家），店员们也会受到东家的奖赏。这3天里大家礼仪无拘，无论主从，都在一起尽情玩乐。从正月十九开始，商业开始准备复活，商人也都从老家回来，但是整体上还是处于休假状态。而到了二月，不管是内地还是沿海地区，河流都还处于冰冻期，很多顾客都没有办法去其他地区进货，经常是到了二月下旬才能通行。他们去年没有付的账款在他们来进货之前就变成了应被催交的账款，天津商人应该付给外商的钱也一直拖欠。一年中的农历五月、六月是最热的时候，各地的商人都回老家休息了，商业又呈现了休整状态，未付的账款又变成了被催交的账款。加之在内地和天津之间运输现金非常危险，现金的运输就停止了。也就是说，在夏末秋初的时候，高粱成熟后盗贼变得猖獗起来，又由于冰冻期不能走水路，所以就不能运输现金了。

【信用组织聚集地】天津是一个很富有但资本贫乏之地。富豪很多，愿意投资的人却很少；固定资本很多，流动资本却很少。在市面上流通的流动资本基本都是山西的银号放出来的。然而，从辛亥革命至今，内乱频发，山西的资本家为了回收资本都将金钱运往别处，对于其他资本家来说亦是如此，在市面上流通的资本大约只有一千万两，因此经常听到天津商人抱怨经济的窘迫状况。仅仅是多年以来实行的信用制度依然稳固，而市场偶尔一次的不景气就会让人们感到极为痛苦，这也成了常态。但是，因为市面上并没有市场救济机构，所以，人们就只能一直处于观望市场行情的状态。这个时候外资银行和外商如果强行收回贷款，那么，与信用组织密切相连的当地商人就会连锁式破产。在这种情况下，外商和外资银行就不得不松手，耐心等待市场的复活。中国商人间的信用组织根基稳固的根本就是所谓的面子观念。中国人的守信，与日本古代的武士倒有几分相似。违背信义就“被众人耻笑”。这种不一定是出自高尚且道德的观念，而是一种同行之间相互信赖的结果，其实是为了保全自己的利益不得已而为之。因此，在商人之间看重体面、看重信用这种习惯一直延续，遇到商业纠纷的时候，大家也都会顺利地谈判，公于诉讼的情况较少。商人们在交易的过程中不喜欢用一些繁杂的形式，就算是几千万的巨额交易，商人们之间也不用证书印章，仅在一张纸片上写明交易的要旨便于记忆，双方就能安心交易。在他们之间，仅用口头商榷的交易也是很普遍的。

由于近年来外商和其他地域的商人越来越多，曾经大福账[1]时代商人的敦厚纯朴的善风美德渐渐消失无踪，随着地域不断的发展，同时也受到文明恶习的影响。回顾往昔，自社会形成以来，伴随着事物的发展，古来的特质与传统也会多多少少受到侵害。

第五项　进出口产品的报价方式

【出口品报价举例】由于从内地输送过来的出口品不仅质量参差不齐，还常常混有夹杂物的情况，所以会重新包装再出口。当然，这种重新包装会因各种土产的种类和季节大不相同。大多数面向内地老客户的买卖契约都以内地各港口、海湾和海峡价格（即 CIF 价格）为基准。以当地出口的大宗商品羊毛为例，假定以神户的 CIF 价格为基准进行计算。羊毛在外国商人的商圈中一直是比较火热的商品，在日本商人中还没有尝试一般性的出口。日本的内需每年都在不断增长，羊毛一定会和棉花一样，将成为出口日本大宗商品，而这种出口要经过多道手续，所以在此举例以供参考。

羊毛出口的税率为每担海关两 3 钱 5 分（港币 0.35 Per pipul net），而仅限天津需缴的河工税（River Dues），以此作为大沽沙滩的清淤费和白河修筑费，这相当于出口

[1] 江户时代和明治时代商人使用的一种账簿。

税的4%。还有英法两租界码头的修筑费，在英法两租借码头装卸货物时需缴的码头通过税（Wharfage Dues），相当于出口税的2%。而在海关两200两相当于行平105两的情况下，出口税、河工税以及码头通过税的合计以行平两为单位计算可以得出港币 0.35×(1+0.04+0.02)×1.05=Hangping Tls 0.38955 per Pcl. net，但平时的报价是以行平两3钱9分为基准计算的。船运费为¥12.00 for 40 cuft（pressed）for Kobe，羊毛以1捆400斤计数，每100斤价格为 ¥12÷(4×4)=¥0.75 for Kobe per Pcl. net，海运保险一般为¥0.28 for ¥100.00 for Kobe。关于包装方面，外商一般会打开所有的原包装，除去黑毛、死毛和其他夹杂物之后，用筛尘机（Willowing Machine）将羊毛上的土沙尘埃都筛去，然后再用水压机（Hydrautic Preesed Machine）将1捆400斤左右的羊毛进行压缩捆包（Pressed Bale）再出口。然而，日本商人目前还没有筛尘机这样的设备，把原包装打开、除去夹杂物、人工多次抖落土沙尘埃之后，再和外商经压缩捆包出口。向日本出口羊毛的时候，筛毛费为每百斤洋银20仙（用筛尘机费用为平银2钱），一般以30钱计算。之后压缩费用为每百斤行平银9钱，这之中包含送到码头的运输费用。有水压机的基本都是外商，日本商人可以向这些外商下单，进行捆包。其他杂费除了电报费之外，出口通关代办手续费为一张 B/L[1]洋银 1 鹰洋，都以每百斤 10 钱左右进行报价。

未加工羊毛每百斤行平银 24 两（Tls 24.00 per Pcl. gross），筛毛的出成率为未加工羊毛的 70%，以 30 天期限、汇率 40 两为基准，筛毛百斤的神户到港价格计算如下所示（只是出口品又称九八折，习惯上买卖价格便宜 2%。这 2%会分到外商和中国买办的手里）。

Cost Tls. 24.00 × 98% = Tls. 23.52 per Pcl. Gross

23.52 ÷ 70% = Tls. 33.60 per Pcl Willoured net

Press Packing Charges	0.90 per Pcl. net	
Export duty & other Dues	0.39	
	Tls. 34.89	
Ex. @ 40.00 (30d/s)		¥87.225
Freight to Kobe		0.750
Marine Insurance Premium		0.280
Willowing Coolie Hire		0.300
Telegramfee & Petties		0.100
		¥88.665
Profit @ 2%		1.773
Cif. Kobe per Pcl. Willoured		¥90.438

[1] 海上运输提单的简称。

也就是说，每百斤筛毛的实际价格在神户港为 90 元 40 钱。然而在 60% 洗毛出成率的情况下，每百磅的纯羊毛价格如下所示。

¥90. 44 ÷ 60% = ¥150. 73 per Pcl. Scoured

¥150. 23 × 75% = ¥113. 05 per 100 pound Scoured

【进口品报价举例】当地的日本商人和本国老顾客签订的价格以天津港交货、日本金本位价格为基准。在日本内地，现货交易比较少有，同时这里是交易关系薄弱的店铺所依靠的地方，要给装卸货物的工人费用、船运费用、出海保险费这些对于作为买主的内地商人来讲，自不必说是一种多余的负担。在当地的进口大宗商品，如前文所说的棉丝、棉布等，像在“交易习惯”一项当中提到的一样，对于中国商人的买卖定价都以日本的金本位为基准，在各种进口杂项费用之后的费用一般由中国商人负担。在这里以红天竺布料（Red T - cloth）为例，计算当地仓库交货价格。

现有 60 反[1]一箱的红天竺，1 反在天津的 CIF 价格为 7 元。现假定物品 6 磅，5. 25 磅以上的物品每反需要缴纳进口税海关两 1 钱 7 分，此外，还有作为进口税的河工税

[1] 反，日本布匹的计量单位。1 反相当于一位成人的成衣布料量。具体数值根据时代、产地和种类而不同。

4 分和英法两租界通过税 2 分。于是诸税换算成行平两就是，H. K. $0.17 × (1 + 0.04 + 0.02) × 1.05 = Hangping Tls. 0.18921 per piece。从码头到仓库每捆还要根据远近缴纳搬运费 20 ~ 30 仙洋银，每反按行平两 5 厘来做预算则可。仓库的租金基本为每月每才[1] 2 仙洋银，平均每捆约为 27 才，34 仙洋银。又因为火灾保险金为 ¥0.80 for ¥1000.000 per Month，所以仓库租金和保险金每月每反需行平两 7 厘。而仓库租金的计算方法为 15 日内按半个月计算、15 日以上按 1 个月计算。火灾保险金即使未存放满 1 个月也按照 1 个月计算，这和日本内地是一样的。还有进口通过海关代办手续费每张 B/L 需要洋银 1 鹰洋，这里和出口的时候相同。其他还有电报费等费用每反按行平两 6 分预估则比较保险。若向日本电报汇款汇兑 44 两，天津仓库交付 1 反红天竺需要的价格如下。

Red T – cloth 60 price per case, Cif Tientsin ¥7.00 per piece of 6 Lbs

Ex. @44.00 (T/T)	Tls3.08
Import Duty per piece Over 5.25Lbs H. K.	$7.00
River Dues	0.0068
Wharfage Dues	0.0034

---

[1] 才，日本容积计量单位，为 1 立方尺，约为 0.028 立方米。

Ex @ 105	0. 19
Coolie Hire per piece	0. 004
Storage per piece @ $ 0. 34 per case per Month	$ 0. 006
Fire Insurance Premium per piece	0. 0039 Ex@ 70007
Telegramfee & Petties	0. 060
	Tls 3. 341
Profit @ 2%	0. 067
Ex – Warehouse per piece	Tls 3. 408

以上是货物抵达后立即收货、直接入库的情况，卸货完毕 14 天后提货的话（14 天免费存放），从第 15 天开始需要向汽船公司支付在码头存货的费用。

第六项　汇率行情

【汇率行情】天津对欧美诸国和日本的汇率行情是由中国金融中心市场上海的汇率决定的。大体上，每个地区的汇率都会随着当地的贸易情况而浮动。假如中国北部的贸易恰好进出口水平相当，进口同时又能出口农产品，就不需要动用特别多的现金。但这个地区的贸易情况却是出口水平只有进口水平的一半，进出口有着相当大的差距。归根结底，依靠这种手段不能防止汇率的风险，汇率常常会成为单方汇率，所以就不得不依靠运输现金了。自然而然，汇率买卖行情变得差异巨大。加之基本上都是银本位国家对金本位国家的汇率，银价的忽高忽低导致汇率经常震荡。进一步而言，中国北部地区的大多数消费者以铜货、铜钱以及孔钱为通货，所以因金银汇价的变动而导致浮动的汇率，与实际通用的铜币、铜钱兑换时更加纠纷不断，甚至会遇到一些买卖行为以外的不可预知的危险。而且，在当地，诸般交易总是呈现延期交易的情况，成交当天和付款当天的汇率变动常常由外商承担。也就是说，即使在买卖中获得了些许利润，也要做好承担因交款日期汇率变动而功亏一篑的心理准备。中国商人在交易过程中是一定要获得利润的，为了通过汇率获得利润而绞尽脑汁，他们会特别敏锐细致地观察与汇率变动相关的问题。外商作为他们的对手就要做好防范风险的准备（参照第一节第一项及本节第四项）。

【防范汇率变动风险的方法】如上所述，伴随着汇率变动会产生巨大风险，因此，对于商人来说，讲求防范风险也是极为必要的。在此有两个防范风险的方法：第一，提前在银行做交易商品付款当天的汇率预约，基于这个汇率签订买卖契约；第二，设立汇兑基金之类的明目，在一定期间内私下限定一定的汇率，这段期间内由汇兑率产生的利润会存蓄放置，如果有损失再从中扣除，一年内将利润和损失从存款中进行结算。最重要的是，一定要当心不要因汇率变动而对商业活动产生影响。

第七项　交易所

最近在天津出现了作为商业交易机构的交易所。现存的交易所，两家归日本人所有，一家归中国人所有。在将来各种交易机构会越来越发达，现状如下。

【天津交易所】社长为岛德藏，资本金额为 750 万日元，已投资 1/4 的天津交易所株式会社于大正十年 10 月 1 日[1]在天津日本租界福岛街开始营业。业务范围有有价证券、钱钞、棉丝和棉花 4 种。实际上除了钱钞以外的 3 种业务基本没有开展。员工有 63 名日本人和 13 名中国人（电话 1016、1017、1021、1022、1049、4231、4679）。

【国际交易所】大正九年 7 月于意大利租界开始营业，为五国联办的信托交易所。由于之后在其内部纷争不断，曾经暂时停业。去年[2]新创立的国际交易所（中文名为六国银公司）收购了五国信托，最近在天津法国租界开始营业。总裁为扬度，社长为南新吾，总资本为 2500 万日元，

---

[1] 公元 1921 年 10 月 1 日。

[2] 1921 年。

其1/10用于设立美国法人。业务范围有证券、钱钞、棉丝、棉花还有中国的国债和日本股票的上市（电话南局123、206、795）。

【天津贸易所】以曹家为中心，用500万元资本成立的交易所，去年[1] 10月1日开业。业务范围有粮食、棉丝、棉花、面粉以及金票5种。经纪人数曾达到过200人，虽然生意非常兴隆，但是由于政变而陷入停业的困境。现在有关人员正在为复兴该交易所而奔走努力。理事长为曹隶权。

除此之外，钱业公会也是交易所的一种，是整合了钱铺的一种交易机构。曾经广泛经营金银买卖和大洋、小洋的交易，但受时局影响而处于停业状态。

第八项　商业机构

【中国方面的商业机构】商务总会（北马路）是天津唯一一家网罗当地富豪绅商的商业机构。这里曾经被称为商务公所，相对于同乡或者同业者相互扶持的防卫机构诸如会馆、公所而言，商务总会却是作为总机构而设立的。商务公所是商务总会在中国的滥觞。伴随商业的振兴，它们的势力也在逐渐增强，活动范围已经不限于工商业，甚至干预司法行政。商务总会就如行政辅助机构一样，呈现

---

[1] 1921年。

出一派最高法院的样子，其势力之强大使历代长官都不能小觑。其他的同业公会还有钱商同业公会（东门外袜子胡同）、绸缎洋布棉纱同业公会（商务总会内）、棉花同业公会等同行组织。除了在第一章第三节第三项列出的 11 家会馆、公所以外，还有浙江会馆（城内）、江苏会馆（城内）、广东会馆（城内）等。

【日本方面的商业机构】在第一章第三节第八项所述的日本人商业会议所和商工协会是以促进在华一般工商业、日本商人增进相互利益为目的的总机构。其他的同业组织还有棉布同业公会、棉花同业公会、药种同业公会、经理人公会、吴服商同业公会、食品杂货商同业公会、当铺同业公会、洋服同业公会、通关业同业公会、点心铺同业公会、洗衣业同业公会、制油原料油脂同业公会、理发业同业公会、榻榻米商家同业公会等同行组织。

【外国方面的商业机构】有天津洋商会馆（Tientsin General Chamber of Commerce，英国租界）、英国人商业会议所（British Chamber of Commerce，英国租界）、美国人商业会议所（American Chamber of Commerce，英国租界）、法国人商业会议所（Chamber De Commerce Francaise De Chine，法国租界）。其他同行组织有天津火灾保险业公会（Tientsin Fire Insurance Association，英国租界）等。

第九项　中国人的好恶

【图形绘画】中国人大多喜欢图案。比较偏爱吉兆、安乐、幸福、福禄、长寿等寓意吉祥的图案，大都是古代沿袭下来的传统。举例来讲：鹿，与“福禄”中的“禄”同音，于是有很多人选择带有鹿的图案，与鹤配在一起，鹤的高贵与鹿的“福禄”相辅相成，更加美妙；蝠（蝙蝠），与“福”字同音，也有很多人偏爱；鹤，代表高贵；蝴蝶，代表美好；麒麟，在兽类中选择的人最多；金鱼，一定要眼睛凸出的金鱼；鲤鱼，鱼跃龙门代表吉祥；鸿雁，是代表吉祥和信义之鸟；牛，祭天拜地时需要的动物，而且能够扶助社稷，广受喜爱；马，代表吉祥；凤凰，飞禽中选择的人最多，一定要和梧桐配在一起；狮子，代表高贵的气质；公鸡（胸肌），代表加官晋爵，与牡丹相配更能代表步步高升，富贵吉祥；孔雀，代表美好；牡丹，花开代表富贵、未开代表位高权重，深受喜爱；葫芦，代表子孙昌盛；桃、石榴、佛手柑，代表三仙和三多；桂花、海棠、竹，代表三秋；菊、兰、腊梅、夜来香、僧道帽、玉针等 6 种植物寓意三秋，并称九如；松，代表常绿；灵芝，与松和鹤一起代表灵性；此外，还有芍药、梅、杏、莲花、葡萄、百合花也广受喜爱；桃也被视为长寿的灵药，同蝙蝠和鹿画在一起，代表福禄寿；椿，代表长寿；猿猴，因与“封侯”的“侯”同音，加官晋爵的时候多用。还有一些禁忌，如：鸟，代表凶恶；枭，代表阴险、不孝、不吉；燕，不忠贞、不节义，为不慈之鸟；狗，太过凶猛而不被喜欢；兔，代表愚昧和男妓；鳖，自古以来被称为千鹤万龟的龟广受喜爱，鳖虽是一种与之相似的动物，但是却代表多淫、不伦和“忘八”（背弃“仁、义、礼、智、忠、信、孝、悌”八德之意），是一种极端的禁忌，所以龟也因为画出来容易被误认成鳖而被画师回避；狼、蛇、鳄、鬼、狐、狸、鼠、猪、虾、蜈蚣、猫、骡子、枫树，都是禁忌；梧桐，不可以单独成画，一定要和凤凰配合；大黑[1]，从字面上来讲是暗黑不明亮的意思，所以在中国没有大黑的图案，而且“黑”字是不受喜爱的，黑屋有牢狱的意思，所以“大黑屋”这样的商号在中国是禁忌；虎，老虎有残酷的隐义，所以是禁忌。综上所述，中国人对于绘画的好恶一般来自于古代流传下来的传说、迷信与吉凶，不太注重其图案拼凑的自然与不自然、适合与不适合，因此这些图案往往有些不自然、幼稚，一些会让人见了就忍俊不禁。这些样子用在中

[1] 大黑，大黑天的简称，又译为摩诃迦罗，是密宗中的重要护法神，是专门医治疾病和财富之神。日本深受密宗影响，信仰大黑。

国古代的货币、镜子、钟、鼎、铃、刀剑、石鼓、古砖、陶器、漆器、雕刻等物品上。而且，中国人的自尊心都很强，不能容忍本国一贯流传下来的偏好被更改，对外国的风俗画、历史画等不怎么感兴趣。适合他们的画的主题就是中国古代流传的历史画、人物画、风景风俗画等。画的色彩鲜明，轮廓清晰，画样齐整。色彩淡雅模糊、寂寞寡淡的画一般不太受欢迎。在横向花纹布料中，中国人一般会选择较大的花纹，还特别喜欢选竖条纹、格子纹等。绝对不会选择不显眼、细微的条纹。

【文字】使用文字要慎重，不能随便。在商号可用的文字限定为吉祥的文字。也就是，大、昌、祥、安、发、元、贞、仁、怡、锦、万、顺、泰、振、诚、鸿、德、乾、裕、荣、慎、广、悦、天、通、康、公、茂、聚、立、太、彩、美、华、嘉、瑞、达、兆、亿、巨、升、增、余、信、洽、森、丰、和、生、复、协、晋、庆、同、福、恒、盛、全、隆、兴、新、章、宝、如、成、义、亨、利、长、永、源、铨、金、谦、益、泉、厚、中、文、信、来、升、双、阜、长、东、允、吉、洪、敦、连、开、光、申、正、胜、畅、镒、群、林、满、英、本、道、宏、善、真、承、香、经、纬、联、世、阳、高、保、放、清、普、进、常、老、周、致、重、学、定、富、惠、川、承、春、济、耀、蔚、鼎、礼等。

商号一般都是从以上文字当中选择二三个字进行组合而成的。其次，经常被用作商标的一般辨识度高且寓意美好，如常用的有福、禄、寿、喜、金、全、双、兴、吉、双喜（两个“喜”字并列）、双吉、善、富、贵、高、升、宝等。

【色彩】 和对图案有明显的好恶一样，中国人对于色彩也有极其强烈的偏好。红色，吉祥的颜色，庆典仪式上使用的色彩，官民通用，尤其是婚嫁的时候使用得最为频繁；黄色，清朝皇室专用的色彩，是禁色，直至今日使用的人也不多；金色，是除了红色使用得最多的颜色，特别是在建筑、店饰、招牌等最为常用；青（实质上是黑）色，实际为黑却不叫作“黑”，是冬季的色彩，官民通用；蓝色，比较流行；紫色，官员显贵常常和蓝色一起用在衣服上；灰（鼠）色，灰色有好几个种类，大商人和蓝色一起用于服装，小商人与一般没什么地位的人只使用灰色衣料。除此之外，人们爱用的颜色有湖色（浅黄色）、洋妃（浅粉色）、菜绿（黄绿）、细月（淡绿）、石青（藏蓝色）、羔绿（墨绿）、桃红（桃色）、荷灰（银灰色）等。上述的色彩均为自然色，人工色不太受欢迎。白色，是不喜庆的色彩，只在丧祭的场合使用。但夏天有的男装会使用白色。一般比较忌讳白色和没有花纹的布料，所有家具、器具和建筑不论是何种木材都必须要刷上颜色才肯罢休。特别是妇人忌讳穿白色的衣物，她们的衣服和用品的颜色甚至都不能接近白色。从前日本制造的白缎、白绫、白织布、白花纹手绢等虽然都出口到了中国，但是这种盲目的做法导致销路很差。

【其他杂项】中国人最想要的是华美的服装。其次才是美食和美女。他们特别爱惜衣服，雨天很少出门以防把衣服弄脏。买衣服的时候第一就是要检查染色的方法。检查方法非常简单，把茶淋洒在衣服上，再看衣服是否染上茶色。总体来看中国人虽然不太注重衣服的图案，却对色彩有极为苛刻、敏锐的喜好、鉴别力和知识。关于衣服颜色的协调和搭配也是日本人难以想象的，有很多烦琐、细微的“好和不好”。其次，中国人特别注重商标和招牌。所以要深入利用这种迷信、喜好，使用这种方法去判别是否适合、是否受欢迎。招牌要漂亮、选用的材料要优良、上面写的文字要美观，要尽可能避免题写拙劣的文字。商标一定要显眼，不显眼的商标会让人觉得商品粗制滥造。人们喜欢色彩绮丽的图案，也可以选择简单明了的给人印象深刻的图案。商标用纸应该为黄色或红色。若使用文字则一定要用汉字，对中国人使用英文或日语假名是没有意义的。尤其是在肥皂、烟草等日常用品的包装纸上使用汉字是最保险的，在物品本身上使用汉字会触犯“惜字”这一传统禁忌。总体上讲，中国人讨厌奇数、喜欢偶数。不管什么东西都要成双成对。而且偏好物品外观之美的倾向也很重。所以，要在图案配色时下一番功夫，内部如何就没有多少人关注了。这是要特别注意的一点。还有，对于针织品中国人喜欢光泽亮丽的，即使是棉布，中国人也喜欢混纺且带有光泽的。另外，中国人喜欢香味重一些的肥皂和其他化妆品。

不要误以为中国人只买廉价商品。他们会毫不吝惜花大价钱购置自己需要的商品。他们注重的是商品的耐用性和实用性。日本的商品在精致性上有所欠缺，也并不结实。如果向中国出口，货物必须要精致巧妙才行。

第五节　工业概况

天津没有诱使工业蓬勃发展的特产，又缺少地利，也没有借鉴外国，工业尚处于雏形阶段，工厂大多都是1902年以后建设的。

第一项　中国人工厂

【帆布制造业】

商号	所有者/监督者	所在地
宜昌帆布有限公司	李政庵	西门外
恒源帆布工厂	杨渭川	河北四马路

续表

商号	所有者/监督者	所在地
华新帆布工厂	顾长德	河北二马路
协和帆布工场	汪大燮	秋山街
三星帆布有限公司		东马路

【火柴制造业】

华昌火柴公司	娄耀庭	西沽
北洋火柴公司	伊长庚	芥园
顺记火柴公司	鲁建云	西头两角地

【肥皂制造业】

天津造胰公司	严俊杰	东南城角
华通造胰公司	陈文启	河北
永益造胰公司	王少州	北城根
公益造胰公司	刘炳华	道署后
合记造胰公司	李兰波	文昌宫北

【制革业】

北洋硝皮厂	李振铎	河北三条石
雄泰号附设硝皮厂	杜元铭	河北金家窖
华姓皮件制造厂	刘子舟	河北二马路
恒源皮件工厂	利兴林	河北二马路
利兴皮件制造厂	张殿元	火神庙口
同德皮件制造公司	同德记	西头竹杆巷
武华军庄皮件厂	林庆舟	河北宝兴里

续表

致胜皮件制造公司	顾先晴	河北三马路
天华硝皮工厂	梁瑞亭	河北二马路
振华皮件制造厂	李维新	河北三马路
聚利皮件制造厂	尹端亭	河北小关
履新硝皮公司		北门内
天成记硝皮工厂	梁有亭	河北三条石
森源皮件制造厂	葛天才	西头药王庙

【织布业】

民益工厂	杨青	南市大街
华茂新公司	高峻山	候家后
威兴爱国布工厂	刘羲全	西南城角
华增爱国布工厂	范永春	道署后
聚顺兴爱国布工厂	李彩华	候家后
志诚爱国布工厂	杨墨田	同上
华兴利织染工厂	王连芬	五马路
天津实业工厂	宋则芳	候家后
元记爱国布工厂	陆运齐	城内二道街
商业家庭传习工厂	宋则久	售品所后
和顺爱国布工厂	魏青云	梁家口嘴
立源爱国布工厂	邱明山	大水沟
中兴爱国布工厂	宋有仁	候家后
推兴爱国布工厂	李春元	同上
公兴爱国布工厂	蒋耀庭	同上
正兴明织染工厂	汪纯	同上

续表

商业制造工场	宋则久	西营门外
公兴顺织染工厂	包善亭	候家后
宝玉昌顺织染工厂	刘金坡	赵家场
春记顺织染工厂	刘建泉	同上
聚成织染工厂	冯连舫	候家后
鸿丰织染工厂	王少云	同上
聚源织染工厂	崔良琛	同上
中源织染工厂	同上	同上
利顺织染工厂	马少卿	同上
锦昌织染工厂	吴茄珍	同上
合成利爱国布工厂	刘钧	城内北城根
华利爱国布工厂	杨汉春	北门西
德成爱国布工厂	家云祥	西头卫头庙
义德爱国布工厂	杨少卿	西头双庙街
铭记爱国布工厂		候家后
利兴爱国布工厂		同上
庆华织染工厂	李赞兴	候家后
庆昌织染工厂	温瑞昌	同上
欲华织染工厂	杨进才	候家后
大成织染提花工厂	卞缉新	同上
利兴成爱国布工厂	马紫卿	候家后
大成林爱国布工厂	杨明远	同上
和记爱国布工厂	刘少泉	同上
华利生爱国布工厂	高王岚	北门垆街
德生爱国布工厂	吴少峰	河北三马路
华兴爱国布工厂	魏云桥	河北关上大街

续表

文昌爱国布工厂	李进亢	西头双庙
华铭爱国布工厂	刘华铭	竹竿巷
同源爱国布工厂	吴瑞棠	同上
利源亨爱国布工厂	刘善卿	河北锦衣街
聚义永爱国布工厂	李秋岩	河北大经路
益华爱国布工厂	李兰益	河北赵家场
华兴织染工厂	汪勤	同上
直隶高等织染工厂	刘蕊青	河北孙家花园后
日新高等织染工厂	杨永泰	河北宝兴里
大同爱国布工厂		河北金窑
聚成义爱国布工厂		同上
裕通爱国布工厂		候家后
振昌爱国布工厂		同上
彰记爱国布工厂		同上
全聚爱国布工厂	袁子瞻	河北大红桥
直隶商业学校织染工厂	孙石舫	河北五马路
华通爱国布工厂		候家后
盆康爱国布工厂		候家后
实业爱国布工厂		归家胡同
权兴爱国布工厂		候家后
华源爱国布工厂		同上

【诸机械制造业】

北洋官办铁工场	刘隆宏	西窑洼
天承铜铁工厂	郭天承	城内杨家胡同
鸿记铁工机器工场	刘保林	寿街
义顺号机器工场	杨味仁	郑家胡同
天华义机器工场	文子	西头双庙
华升公机器工场	梅德山	东马路
福利成铁工机器厂	王文藻	同上
恒裕机器铁工厂	芦连生	北马路
郭天成铁工机器厂	杨瑞峰	城内杨家胡同
聚义机器铁工厂	范殿坡	城内大水沟
德成机器工场	李德成	东马路
孙恩吉机器工场	孙紫芝	同上
广庆润机器工厂	李学珍	同上
子午纺机器工场	魏殿元	同上
吉祥顺铁工厂	王吉祥	同上

【纺织业】

恒源纺织公司	曹锳	河北四马路
华新纺纱厂	周学熙	小于庄
北洋商业第一厂	黄猷忱	挂甲寺
裕元纺纱厂	赵聘卿	小刘庄
裕大纺织公司	王克敏	杨村

【织袜业】

振华织袜工厂		北马路
双顺和织袜厂		
义生同织袜工厂		金钟桥旁

【毛毯制造业】

义和公		英租界机磨胡同
玉盛永		旧德租界大营门外
三盛永		英界江苏病院旁
庆生恒		旧德租界海大道
庆丰和		法租界马家口
同兴公		同上
义聚恒		同上
义盛德		大水沟
顺德永		同上
义盛和		南门西
庆祥永		三不管
聚生源		河北关上
恒元		太平庄
永和义		南门
义盛永		南门外
长丰合		大水沟西
恒记		城台子
义源泰		大水沟
福合永		杨家花园
聚盛		南马署
景卫		县公路东
义胜公		娘娘宫内
汇海		新车站南
聚丰合		马家口
中和		河北花园内
天聚永		杨家花园

续表

瑞丰		西门外
经维		草厂庵
永成厚		大水沟
永顺		西门外
义祥恒		南门东
华胜公		三不管
利兴		西门外大街
济和公		北开
义长公		河北花园内
新记		大水沟

【精盐业】

久大精盐公司		东路

【精糖业】

华顺成造糖公司		南门西板桥胡同
双盛合		大佛庵
义升		西头育德巷
老茂生		河北大祇树园

【料器厂】

中记料器厂		红桥西
三聚成料器厂		宫南
利源料器厂		大经路

续表

悦来料器厂		估衣街
永昌料器厂		斜市街
亿中料器厂		南斜街

【制粉业】

寿星制粉有限公司		意租界
瑞源恒		候家后
富亚		三条石
涌源		西头大王庙
同丰祥		水梯子
立盛		河东西方庵

以上种类如此之多令人吃惊，这些都是小规模小资本的工厂。

第二项　外国人工厂

【日本人工厂】

种类	工厂名	厂主兼主任者	所在地	电话
烟草制造业	东亚烟草制造所	小山达郎	日租界海光寺	3922
制油业	日华制油株式会社	石川胜敏	河北赵家庄	3919
电气工业	建筑公司电灯部	柏井光彦	日租界福岛街	315
料器厂	永信料器厂	成愿新三	日租界福岛街	238
料器厂	茂泰洋行工厂	神谷佐兵卫	日租界大和街	1292
纺织业	天津棉毛纺织会社	永安平吉	意租界	南 3902

续表

种类	工厂名	厂主兼主任者	所在地	电话
粗丝纺织业	奥棉行粗丝纺织工扬	奥为藏	法租界	南 837
制棉业	天津制棉公司	冲田介次郎	意租界	南 3725
铁工业	三友铁工场	冲田介次郎	日租界寿街	327
铁工业	三井铁工场	三井龟吉	旧俄租界	南 1579
活版制造业	浪花活版制造所	宫崎房次郎	日租界旭街	465
火柴制造业	东亚磷寸株式会社	池田清次郎	旧俄租界	南 1431
火柴制造业	中华磷寸株式会社	黑泽兼次郎	日租界海光寺	4648
制革业	裕津制皮公司	大泽亨	旧德租界	南 1470
骨粉制造业	武斋骨粉工扬	亘新七	小刘庄	南 1226
骨粉制造业	天津肥料公司	清水喜十郎	杨家庄	3937
骨粉制造业	安部制肥工场	酒寄发五郎	小刘庄	1956
铁工业	大广铁工场	渡边与三郎	日租界福岛	4914
精油业	正华洋行西栈	中田庄太郎	北角外	381
酱油酿造业	天津酱油 酿造会社	川岛贯明	日租界明石街	2016
石棉制造业	东和商会	和田升一	海光寺北	988
珐琅器 制造业	天津珐琅工厂	谷口荣太郎	日界宫岛街	—
大理石工业	株式会社 天津华石公司	中岛德次	法租界	南 1344
坩埚制造业	天津窑业公司	管高辰造	旧俄租界	南 154
榻榻米 制造业	备后屋榻榻米 制造工场	太田丘平	海光寺	2223
铅白制造业	三星工厂	太田利三郎	南门外	—

【西洋人工厂】

种类	工厂名	所在地
铁工业	京津机器厂 Adair，Graham & Co.	英租界
铁工业	华利铁厂 Ateliersde Constructions Mecaniques	法租界
砖瓦制造业	比利时砖窑 Belgian Brick Factory	旧德租界外
砖瓦制造业	仪品砖窖 Manufacture Ceramique de Tientsin	法租界
造船业	Brossard Mopin & Co.	同上
制油业	马朝利油房 Oleificio di Tientsin	意租界
肥皂制造业	中法造胰公司 Savonneries Franco – chinoise	法租界
烟草制造业	Galatis 烟公司 Galatis Tobacco Association	法租界
烟草制造业	正昌洋行 Karatzas Bros. & Co.	同上
烟草制造业	协和烟公司 Tientsin Tobacco Co.	英租界
饮料制造业	马记洋行 Salutaries Company	法租界
饮料制造业	明展汽水公司 White Star Mineral Water Factory	旧俄租界
石棉精制业	石棉制造公司 Tientsin Asbestos Manufacturing Co.	英租界外
制粉业	津源面粉公司 Tsin Yuen Flour Milling Co.	法租界

第六节　主要店铺

第一项　中国商铺

【金银宝物商】

商号	所在地	商号	所在地	商号	所在地	商号	所在地	商号	所在地
恒利金店	日租界	宝成金店	日租界	瑞华金店	估衣街	物华金店	日租界	敦昌金店	宫北

续表

義兴厚金店	北门内	天成金店	北门内	美丰金店	北门内	世华金店	北门内	三义金店	北门内
義涌金店	北门内	同义金店	北门内	瑞华金店	日租界	天兴金店	北门内	立成德金店	北门内

【绢织物商】

大伦	日租界	永信	估衣街	九恒源	估衣街	瑞林祥	估衣街	聚源长	宫北
老九章	日租界	荣记	同上	泰昌	同上	敦庆隆	同上	谦益祥	日租界
元隆	估衣街	太昌	同上	裕盛永	同上	鸿丰	同上	久复元	法租界
庆祥	估衣街	范永和	同上	瑞蚨祥	同上	谦盛祥	同上	日新	同上

【棉布商】

聚源号	估衣街	辅兴和	北大关	庆德瑞	针市街	春兴泰	北马路	同兴德	日租界
德和号	同上	德兴	河北大街	合记	同上	老成益	同上	恒兴德	同上
升和祥	同上	荣泰和	同上	公兴	同上	文仲兴	同上	老成义	同上
天华祥	同上	天庆恒	北门内	谦祥益	同上	盛记号	同上	合记字号	同上
广立顺	同上	协立成	同上	同发祥	大胡同	集义生	同上	大昌涌	法租界

续表

西裕兴	同上	隆庆号	竹杆巷	华裕长	同上	元兴顺	同上	泰来须	陈家沟子
义昌恒	同上	中和成	针市街	义兴号	同上	荣兴泰	同上	聚之祥	同上
聚义成	锅店街	诚泰祥	同	天德祥	同	德祥成	西马路	东庆永	同上
盛记	同上	天昌恒	同上	宝昌元	元纬路	永成厚	南马路	亨隆号	同上
华盛	同上	庆祥义	同上	春华祥	大口	德顺和	同上	大德恒	估衣街
义聚永	宫南	万瑞祥	同上	聚康隆	同上	复盛和	驴市大街	德成号	北门东
福兴号	北门内	泰康	同上	兴和	同上	荣成和	同上	公巨成	同上
聚源号	毛贾伙巷	协祥	同上	聚兴和	同上	振春和	旧奥租界	天华祥	同上
天昌祥	单街子	蔚牲和	同上	义聚成	东南城角	宝昌元	日租界	天增厚	河北大街

【棉纱商】

益聚号	缸店街	源丰	鼓楼东	庆兴永	旧奥租界	德聚号	缸店街	公茂行	东浮桥
华成信	同上	义顺公	北马路	广隆兴	针市街	永德晶	河北大街	源和丰	鼓楼东
义聚	同上	慎德久	小关	同昌信	缺店街				

【西洋杂货商】

德成	针市街	源丰和	宫北	华信	旧奥租界	同利源	针市街	同昌泰	估衣街
庆隆益	北门东	利泰	同上	合诚公	鼓楼东	东广泰	鼓楼东	谦裕东	同上
顺记	旧奥街	元兴恒	同上	通德号	北马路	丰昌号	针市街	东兴栈	宫北
元舆和	同上	福和祥	新车站	裕隆泰	同上	义祥号	北马路	泰隆号	针市街
振昌祥	法租界	泰记	北马路	广立顺	袜子胡同	协立成	北门内	永昌祥	鼓楼东
广吉祥	同上	记源	同上	厚德成	北门东	毓顺成	同上	永源	同上
福庆隆	东马路	信泰成	同上	美昌	同上	谦温德	同上	源记	鼓楼西
聚兴恒	北马路	广立德	锅店街	永义号	西马路	桐金成	旧俄租界	涌泉成	同上

【茶商】

泉祥鸿记	锅店街	公兴盛	北大关	汪正大	大胡同	裕源号	东门外	万美源	法租界
天华泰	北门外	公升庆	同上	祥聚	新车站	永盛成	西头	万兴	河北大街
元兴号	同上	振源	大胡同	德元	北门内	东正大	日租界	德祥号	同上
裕升号	同上	汪正大	同上	同兴厚	东门外	天成厚	同上	恒源号	同上

【纸商】

荣美斋	估衣街	宜兰堂	锅店街	成记	缸店街	同泰昌	河北大街	士宝斋	东北城角
石竹斋	同上	文华斋	同上	厚记	北门外	庆丰厚	新浮桥	文宝斋	北马路
广大	同上	松竹斋	同上	成记	北门外	恒泰隆	三条石	成记	同上

【军需品商】

华武	南市	永增	新浮桥	旗胜功	北门内	洪兴花	旧奥租界	德润	老铁桥东
大昌新	金家窑	华新泰	大经路	华胜兴	旧奥租界	宝聚源	大水沟	祥记	候家后
万聚成	望海楼后	永泰兴	天纬路	晋隆泰	新车站	耀华号	鼓楼西	聚顺成	同上

【毛织品商】

贯昌	北马路	森记号	北马路	恩和成	北马路

【药商】

金陵	东北城角	华洋	大胡同	中英	大胡同	共和	东马路	怡和堂	东马路
中外	北门西	韦安氏	同上	丽生	同上	回春	北马路	葆记	估衣街
中和	陈家沟子	同裕堂	北门外	松茂堂	东北城角	合生堂	鼓楼西	中法	同上
万育堂	同上	聚兴	河北大街	庆余堂	鼓楼东	保生堂	西门外	中英	同上

续表

仁和	同上	松竹堂	同上	同善堂	同上	瑞芝堂	西门外	全球	锅店街
全生堂	同上	锦善堂	北门内	瑞德堂	同上	德升堂	同上	荣华	同上
万全堂	估衣街	义庆堂	同上	宝源堂	同上	乾元堂	西头	中西	同上
达仁堂	同上	同聚堂	同上	德善堂	同上	宝和堂	驴市口	华欧	同上

【五金商】

长胜	北大关	起兴义	南马路	永源益	河北大街	福兴成	东南城角	瑞生	日租界
峻源水	河北大街	义和顺	大口	泰记	同上	万德号	北马路	鸿昌德	同上
长胜号	东浮桥	同发祥	日租界	德顺号	大胡同	福聚成	同上	庆源隆	大口上
宝成德	同上	裕升	南市	祥发	东浮桥上	成记	同上	栢成	宫南
永盛恒	同上	益昌源	南斜街	祥发	东浮桥下	福发号	东门外	嘉泰	法租界
庆源	大口	鸿记号	北门内	祥发南号	同上	长胜湧	西马路	牲大津号	同上
庆源隆	同上	丰泰裕	单街子	源庆恒	同上	福兴成	南马路	新仲记	同上

【首饰商】

瑞丰	金家窑	德义	北门外	益兴楼	东新街	天兴号	北门内	天利	旧奥租界
鸿兴	同上	瑞华楼	锅店街	益丰成	天后宫	永祥	鼓楼西	集丰	东新街
世华楼	北门外	仲元	陈家沟子	春发	北门内	源丰	鼓楼东	庆春	同上

【染料商】

裕源德	宫南	永信号	锅店街	大胜金	北门外	茂隆森	北门内	德元永	西门外
同和祥	估衣街	义盛和	单街子	长盛永	同上	长茂庆	北门内	德记	同上
万聚恒	同上	恒益兴	北门东	荣昌恒	北大关	义和永	南马路	德胜永	西头
玉兴益	同上	元庆祥	同上	天义成	河北大街	万生长	同上	广元亨	驴市口
元益恒	同上	宝成祥	北大关	德兴隆	同上	公义和	同上	瑞昌恒	锅店街

【货栈】

集生	北营门内	德源	三条石	明德和	针市街	盛义	旧俄租界	信和公	英租界
永义	新浮桥	义胜	同上	松懋	同上	公义	同上	同春号	同上
广发	三条石	义隆	同上	湧泉	北门内	天庆	旧奥租界	玉兴泰	同上
宝兴	同上	兴隆	同上	共合兴	同上	大昌兴	同上	公益	北门东
桐丰	同上	中和成	针市街	德裕	旧俄租界	天祥	法租界	美丰	西门外
华盛公	同上	永源公	同上	华盛	同上	瑞兴义	英界菜市	宝源	北营门外

【商场】

春云阁	锅店街	华楼	南市	北海楼	北马路	金华	大胡同	东安	东马路

【棉花栈（棉籽）】

同聚栈	河北窑窪	兴隆栈	英界	美丰栈	英租界	三晋泉	英租界	辅盛栈	英租界
聚义栈	旧俄租界	广利公司	旧俄租界	隆源栈	旧俄租界	德茂隆	特别二区	德兴长	针市街
土亦益公司	意租界	恒泰栈	三条石	华盛公	三条石	保顺栈	河北大街	大通栈	日界寿街
红记栈	日界福岛街	晋记栈	估衣街	同利公	日界恒利金店北	怡康公	日界恒利金店后	万通栈	法界竹远里
宝兴长	日界秋山街	中国实业货栈	旧俄租界	兴业棉业公司	旧俄租界	中国土产公司	松岛街	—	—

【亚麻仁药种】

华盛公	三条石	积盛公	旧俄界	汇通公司	河北关上

【花生】

隆茂栈	特别二区河东	志昌兴	特别二区河东	交通栈	旧俄租界桥北端	庆丰梨栈	旧俄租界	锦记栈	日界寿街
通润公司	法租界	—	—	—	—	—	—	—	—

【制油厂】

北洋油厂	河北贾大桥	马朝利油厂	意界河沿	西开油厂	法界西开

【油坊】

隆茂栈	特别二区河东	永记	—	恩记	大伙巷	长元德	西头红和里	恩庆号	河北
顺只厚	大满寿水关	红和义	义长顺西	—	—	—	—	—	—

第二项　日本商

【一般进出口商】

商号	店主或主要负责人	所在地	电话
怡丰洋行	石井繁雄	日本租界福岛街	178、832
东华洋行	高桥幸夫	日本租界常盘街	855、3844
东亚公司	铃木真三	日本租界旭街	755
乾卯商店支店	田中兵太郎	同上	2405
日华公司	饭田百枝	日本租界福岛街	4037
蓬莱洋行	村上浅吉	日本租界松岛街	2017
宝来洋行	品川清市郎	日本租界曙街	2009、4593
堀井胆写堂	深谷宪次郎	日本租界旭街	3141
保科洋行	保科义平	法租界	南 816、931
东和商会	中村岩夫	日本租界福岛街	3873
德隆洋行	横山庆之助	日本租界曙街	154
隆和公司	内山春吉	日本租界旭街	375、658、3491
隆成洋行	志水善次郎	日本租界荣街	1636
大仓洋行	速水笃次郎	日本租界山口街	123、250
大泽洋行	大泽大之助	日本租界旭街	31221
大棉洋行	渡边德太	日本租界荣街	2944、3945
华东洋行	樋口贞藏	日本租界新寿街	2475、3533
增田洋行	小林成夫	日本租界松岛街	360、800

续表

商号	店主或主要负责人	所在地	电话
古河公司	清岛圆造	法租界2号路	南1668
福正公司	森川正二	日本租界常盘街	2406
利中公司	好富道明	法租界	南760793
太田洋行	太田万吉	日本租界寿街	1939
福信洋行	岛影力三郎	同上	2388
福田义支店	福田义三郎	日本租界旭街	1828
武齐洋行	亘新七	日本租界山口街	260、1028、1914
合信洋行	铃木泰	日本租界寿街	270
小林洋行	金子嘉一郎	日本租界旭街	500、4414
恒昌洋行	曾根章	日本租界寿街	3633
永记洋行	阿部安之助	日本租界常盘街	2109
天平洋行	永安平吉	日本租界寿街	2128
增幸洋行	有动政喜	法租界	南304、320、543
秋田洋行	秋田竹三郎	日本租界曙街	740
三友洋行	冲田介次郎	日本租界寿街	200
三共洋行	栗本仁作	日本租界新寿街	3617
三昌洋行	冈本久雄	日本租界寿街	2838、2985、4419
三光商会	安田庄太郎	日本租界福岛街	4284
佐佐木洋行	佐佐木长次郎	同上	720
加藤洋行	堀川几太郎	日本租界旭街	165
金山洋行	金山喜八郎	同上	96、4415
川崎洋行	佐佐木后次	日本租界旭街	3396
大交洋行	天田朝义	同上	351、2521
吉田洋行	吉田房次郎	日本租界荣街	181
大东洋行	山崎显道	日本租界寿街	3128
田村洋行	田村多吉	日本租界旭街	230、2841
泰成洋行	相良雄作	日本租界寿街	1972
泰隆洋行	柴坂直行	日本租界新寿街	2430
武部洋行	武部东吉	日本租界寿街	434

续表

商号	店主或主要负责人	所在地	电话
竹田洋行	竹田宇市	日本租界松岛街	
中松洋行	泽之井国吉	日本租界寿街	2605
中野洋行	中野长作	同上	3921—15151
中村洋行	川崎芳藏	日本租界旭街	3321
明石洋行	明石市良平	日本租界松岛街	5088
天和洋行	中尾秀之助	日本租界新寿街	4189
郡茂洋行	郡茂行	日本租界桥立街	668
九鬼洋行	酒鬼喜一郎	日本租界寿街	854
义成洋行	日高松太郎	日本租界寿街	946
义和洋行	福岛治作	同上	1297
美和洋行	住野龙太郎	日本租界曙街	3656
三井洋行	冈崎省三	日本租界山口街	240、3539、3917
三菱公司	相原俊夫	日本租界荣街	255、3973、4646
三轮公司	沼田顺一	日本租界旭街	971、4680
正华洋行	中田庄太郎	日本租界寿街	588、2902
信和洋行	丸山和三郎	日本租界松岛街	170
慎隆洋行	中井真津太郎	日本租界旭街	1069
晋信洋行	上野寿	日本租界荣街	58、3303
平井洋行	平井久一	日本租界寿街	566、4387、4398
茂泰洋行	神谷佐兵卫	日本租界新寿街	680
茂寿洋行	高田隆一	日本租界寿街	2084
茂记洋行	船桥甚兵卫	日本租界荣街	388、3457
信昌洋行	西泽仙之助	法租界福寿街	南 1263
荣喜洋行	藤井荣左工门	日本租界荣街	4817
瀛华洋行	渡边辰夫	日本租界寿街	2517

续表

商号	店主或主要负责人	所在地	电话
植松洋行	森本光二	法租界2号路	南462
山田商会	山本德太郎	日本租界新寿街	680、4933
兴安号	楠之正	法租界2号路	南1140
天泉号	天野仙次郎	日本租界常盘街	340
阿部市洋行	津吉雄熊	法租界4号路	南125、317
不破洋行	西村兴造	法租界河坝道	南125、317
日信洋行	桧田麟太郎	法租界河坝道	南135、481
伊藤洋行	梅原亮三郎	法租界2号路南	484、986、998
中国土产公司	野崎诚近	日本租界松岛街	8259、4090
岩尾洋行	吉村常助	法租界6号路	南415
山本洋行	手岛喜兵卫	法租界2号路	南811
泰记洋行	澄川久南	日本租界寿街	3754
新利洋行	根本永雄	法租界6号路	南237、935
松本洋行	原本万藏	日本租界松岛街	3301
信兴洋行	岛田信一	日本租界松岛街	2622
泰信洋行	木村伍郎	法租界33号街	南1348
盛商洋行	寺尾悌三	日本租界桥立街	1124
顺和洋行	松本富弥	日本租界大和街	4304
隆泰洋行	白山次作	日本租界新寿街	3771
兴胜洋行	胜野克也	日本租界扶桑街	4308
泰林洋行	小林长太郎	日本租界曙街	3740
隆昌洋行	田岛富一	日本租界曙街	2809
市仓洋行	市仓彦人	日本租界新寿街	156
宝祥公司	岩崎鹤一	日本租界寿街	4368
竹林商会	小林京次郎	日本租界常盘街	4691

续表

商号	店主或主要负责人	所在地	电话
富喜洋行	瓦茸寿重	日本租界福岛街	4297
天泰洋行	中本为一	日本租界寿街	1415
关西鸡蛋公司	西野直一	日本租界蓬莱街	3482
清喜洋行	清水喜十郎	日本租界寿街	344
大中洋行	佐佐木五郎	同上	3785
神港洋行	锻冶静一郎	日本租界新寿街	4296
清水洋行	清水幸三郎	同上	71、2969
依田洋行	依田正义	日本租界福岛街	2873
住友洋行	阪本信一	法租界2号路	南446

【棉纱布商】

伊藤洋行	梅原亮三郎	法租界2号路	南986、998
日信洋行	桧田麟太郎	法租界河坝道	南135、481
顺隆洋行	清水章太郎	日本租界旭街南	135、481
隆和公司	内山春吉	同上	375、658、4189
八木洋行	池田繁	法租界2号路	南3612
大交洋行	天田朝茂	日本租界旭街	351、2521
田村洋行	田村多吉	同上	2302841
武齐洋行	亘新七	日本租界山口街	12081914
不破洋行	西村兴造	法租界6号路	152、283、966
江商洋行	松本秀三	日本租界吾妻街	36、440、3890
增幸洋行	有动政喜	法租界	南304、320、543
阿部市洋行	津古雄熊	法租界2号路	南125、317
大棉洋行	渡边德太	日本租界荣街	2944、3945
茂记洋行	船桥甚兵卫	同上	388、3457

续表

山本洋行	手岛喜兵卫	法租界2号路	南811
岩尾商店	吉村常助	法租界6号路	南415
东洋棉花出张所	奥田千之	日本租界山口街	3449

【棉花商】

怡礼洋行	石井繁雄	日本租界福岛街	178、832
日信洋行	桧田麟太郎	法租界河坝道	南134、135
保科洋行	保科义平	法租界6号路	南816
中国土产公司	野崎诚进	日本租界松岛街	3859、4090
东洋棉花部	奥田千之	日本租界山口街	230、3449
晋信洋行	上野寿	日本租界荣街	883
隆和公司	内山春吉	日本租界旭街	375、658
大仓洋行	速水笃次郎	日本租界山口街	250
武部洋行	武部东吉	日本租界寿街	434
泰记洋行	澄川久男	日本租界寿街	3752
清喜洋行	清水喜十郎	同上	344
大交洋行	天田朝茂	日本租界旭街	351
大棉洋行	渡边德太	日本租界荣街	2944、3945
中野洋行	中野长作	日本租界寿街	3921、5151
武齐洋行	亘新七	日本租界山口街	1914
山玉号	上野藤三	日本租界旭街	860
增田洋行	小林成夫	日本租界松岛街	800
增幸洋行	有动政喜	法租界	南320
江商洋行	松原秀三	日本租界吾妻街	36、440
阿部市洋行	津吉雄熊	法租界4号路	南125
三昌洋行	冈本久雄	日本租界寿街	2838、4419

续表

正华洋行	中田庄太郎	同上	588、2902
清水洋行	清水幸三郎	同上	2969
新利洋行	根本永雄	法租界6号路	南237、935
顺隆洋行	清水章三郎	日本租界旭街	129
茂记洋行	船桥甚兵卫	日本租界荣街	388、3497
松本洋行	原田万岁	日本租界松岛街	3301

【制油原料油脂商】

中国土产公司	野崎诚近	日本租界松岛街	2859、4090
日华制油会社	石川胜敏	法租界南	3245
保科洋行	保科义平	同上	南816、931
三井洋行	冈崎省三	日本租界山口街	240、3919
利中公司	好富道明	法租界南	760、793
中野洋行	中野长作	日本租界寿街	3921、5151
怡礼洋行	石井繁雄	同上	178、833
茂记洋行	船桥甚兵街	日本租界荣街	338、3497
正华洋行	中田正太郎	日本租界寿街	2902
山玉号	上野藤三	日本租界旭街	860
三共洋行	栗本仁作	日本租界新寿街	3617
隆和公司	内山春吉	日本租界旭街	375、658
三友洋行	冲田介次郎	日本租界寿街	200
武部洋行	武部东吉	日本租界寿街	434
大仓洋行	速水笃次郎	日本租界山口街	123、250
大泽洋行	大泽大之助	日本租界旭街	233
泰信洋行	木村伍郎	法租界33号路	南1348
小林洋行	金子嘉一郎	日本租界旭街	500、4414

续表

音信洋行	上野寿	日本租界荣街	58、3302
泰记洋行	澄川久男	日本租界寿街	3754
金山洋行	金山喜八郎	日本租界旭街	98、4415
大绵洋行	渡边德太	日本租界荣街	2944、3945
义成洋行	日高松四郎	日本租界寿街	946
增田洋行	小林成夫	日本租界松岛街	460、800
清喜洋行	清水喜十郎	日本租界寿街	344
增幸洋行	有动政喜	法租界	南 304、320
三昌洋行	冈本久雄	日本租界寿街	2838、4419
明石洋行	明石市良平	日本租界松岛街	5088
武齐洋行	亘新七	日本租界山口街	1414
福井洋行	小岛交卫	日本租界旭街	2512
盛昌洋行	寺尾悌三	日本租界桥立街	1124
堀井誊写堂	深谷宪次郎	日本租界旭街	3141
信昌洋行	西泽仙之助	法租界福寿路	南 1263
荣喜洋行	藤井荣左工门	日本租界荣街	4817
瀛华洋行	渡儿辰夫	日本租界寿街	2517

【交易所中介】

三昌洋行	冈本久雄	日本租界寿街	2838、2985、4419
越谷洋行	辻武作	日本租界福岛街	694、2982
天津信托兴业有限公司	日高松四郎	日本租界寿街	4023
华信号	韩华轩	河北二马路	2971
长濑洋行	长濑安平	日本租界旭街	187、325
裕丰号	范紫宸	北门外竹竿巷	2422

续表

隆祥号	吴楚卿	南门外杨家花园	509、4603
珍记号	田玉成	河东织绒厂后	1605、3049、4824
兰记号	翟兰波	城内鼓楼西板桥胡同	1017、1027
张稚记	张稚棠	竹竿巷万源城内	1016、4273、4371
	史云生	城西永丰屯三益里	1049、2961、3808、5139
平井洋行	平井久一	日本租界寿街	566、1022、4398
寿昌公司	岩崎刚	同上	1869、2895、3732
裕记号	黄云舫	日本租界旭街	3047、4189
天华洋行	池田繁	法租界2号路	2761、3442、3657
德茂洋行	篠本峰太郎	日本租界曙街	1021、2556、4475
聊和号	武部东吉	日本租界寿街	3309
	许国香	法租界	—
宝来洋行	品川清市郎	日本租界曙街	2009、4593
忠记号	王子明	河北三条石	5622
裕津号	王漠章	日本租界益津里	391
共益号	川岛贯明	日本租界寿街	308、1358、1713
—	中山美满	日本租界蓬莱街	—
义记号	孟焕章	法租界	—
保记	宋国恩	河东十字街	3987
—	韩春华	城内鼓楼西	—

【纸商】

中吉洋行	三瀬基太郎	日本租界旭街	858
福井洋行	小岛交卫	同上	2512
富士公司	伊东茂	同上	503
三井洋行洋纸部	羽田久藏	日本租界山口街	3488、3817
三菱公司洋纸部	相原俊夫	日本租界荣街	3972、4646
怡丰洋行	石井繁雄	日本租界福岛街	178、831
大交洋行	天田朝茂	日本租界旭街	351、4521

【食材商、杂货商】

一〇屋	伊东三次郎	日本租界吾妻街	3952
桥本商店	桥本国三郎	日本租界曙街	3716
友田商店	友田介一	同上	1244
冈田号	富冈太市	同上	3640
加藤洋行	堀川几太郎	日本租界旭街	165
川胜洋行	川胜定市	日本租界曙街	493
玉井洋行	川岛贯明	日本租界寿街	308
益城屋	增永源次郎	日本租界曙街	2469
万泰号	西原万泰郎	同上	2119
三利洋行	三文字圆五郎	日本租界福岛街	3035
宫崎洋行	宫崎义作	同上	3686
清水洋行	清水幸三郎	日本租界寿街	71、2969
福福商会	空闲鹰子	日本租界宫岛街	3672
冈崎洋行	冈崎专治郎	日本租界寿街	4590
大田洋行	太田万吉	同上	1939
荒金洋行	小岛八藏	日本租界曙街	—

续表

义和洋行	福岛次作	日本租界寿街	1297
清玉号	清水米藏	同上	2343
瑞丰洋行	大野荣	日本租界旭街	3837
野村洋行	野村宪一	日本租界寿街	2557
大连酱油会社	渡边佐平	日本租界旭街	4443

以上是未加入食材杂货商组合的杂货商。

石田洋行	石田留吉	日本租界大和街	4041
东亚公司	铃木贞三	日本租界旭街	755
中裕洋行	中户川孝造	同上	828
冈田洋行	冈田福太郎	日本租界寿街	665
井泽洋行	井泽健三	英租界	—
小谷洋行	小谷万次郎	日本租界旭街	1364
上总屋	浅野五郎	日本租界曙街	—
角大洋行	小仓亮	三中国街宫北	587
双龙洋行	谷川三千枝	日本租界旭街	2940
中山洋行	中山诚次	同上	734
中川洋行	中川由松	日本租界曙街	3985
野口洋行	野口竹次郎	日本租界旭街	4407
山玉街	上野藤三	同上	860
真野洋行	真野清太郎	中国街东马路	1813
福寿洋行	佐藤宪男	日本租界宫岛街	2750
武齐杂货部	武内桂次郎	法租界中街南	1374
益华洋行	足利桂次	日本租界旭街	2860
赤井洋行	赤井总作	日本租界松岛街	1371
五福号	泽井荣三郎	日本租界浪花街	1405

续表

菊商店	菊太三郎	日本租界寿街	2407
平野洋行	平野笃次郎	日本租界旭街	280
周防洋行	周防元吉	同上	2514
成信洋行	板仓晋	日本租界宫岛街	—

【药商】

博信堂药房	冈亘	日本租界旭街	2324
林田药房	林田胜兵卫	中国街三条石	132
升恒	中村常三郎	日本租界北马路	180
东洋药局	多势喜良久	日本租界旭街	848
中博洋行	中村博海	日本租界桥立街	2298
尾方药房	尾方仓七	日本租界新寿街	1857
田生堂药房	长宝坚	日本租界寿街	—
吉田药房	吉田正伦	日本租界桥立街	1555
大信堂药房	山本久吉	日本租界新寿街	—
中岛药房	中岛宇之助	日本租界桥立街	—
楠德一药房	楠德一	日本租界旭街	251
华日洋行	岸元辰十	同上	2801
山喜洋行	池田常太郎	同上	2130
松本盛大堂松	本金太郎	同上	2271
丸二兄弟药房	长谷川义三郎	同上	151
福寿堂药房	林久知	日本租界新寿街	3493
福荣洋行	中桥荣吉	日本租界旭街	2456
广济堂	长濑安平	同上	187、325
江头洋行	江头秀三	同上	886、2932
寺田药房	寺田久米三	日本租界常盘街	277、2635

续表

金山药房	金山喜八郎	日本租界旭街	2213、3620
信荣堂药房	山崎荣吉	日本租界新寿街	2245
仁丹公司	原米次郎	日本租界旭街	2790
顺天堂药房	青柳丰介	同上	1586
正交洋行	濑底正敏	日本租界旭街	2939、3946
益华药房	足立桂次	同上	3860
山阳堂药房	松尾伊太郎	日本租界大和街	3426
中根洋行	中根齐	日本租界旭街	1565、3355
乾卯支店	田中兵太郎	同上	2405
东亚公司	铃木真三	同上	755
中山洋行	中山诚次	同上	734
天平洋行	永安平吉	日本租界寿街	2128
广济堂	益守信畅	中国街估衣街	310
德昌洋行	山本英夫	日本租界荣街	4772
药商会	谷川寅彦	日本租界旭街	4194
恒昌洋行	曾根章	日本租界寿街	3633

【电器商】

太平洋行	樋口只义	日本租界寿街	3318
中根洋行	中根齐	日本租界旭街	1565、3355
义昌洋行	竹下重太	同上	49
京津电灯公司	鹫田小平次	日本租界旭街	2127
信隆洋行	樱井直次	日本租界松岛街	4689
东京电灯公司	高桥兵三	日本租界常盘街	376

【钟表、照相与材料商】

槛村洋行	槛村又吉	日本租界旭街	75
副华洋行	副田重次郎	同上	2291
山本照相馆	儿岛鹭靡	英租界	南 1199
河野照相馆	河野康通	日本租界旭街	234
松田洋行	松田梅松	日本租界荣街	1176
三信洋行	田中雄一郎	日本租界桥立街	3504
福寿照相馆	佐治为寿	日本租界宫岛街	4413
小林洋行	金子嘉一郎	同上	500、4414
永乐写真馆	岸正胜	日本租界宫岛街	—

【贵金属商】

西原金店	西原彦治	日本租界寿街	2427
须藤洋行	须藤政平	日本租界旭街	2870
武田洋行	武田金太郎	英租界南	104
井手金细工店	井出梅吉	日本租界曙街	2225
副华洋行	副田重次郎	日本租界旭街	2291

【运输业】

日本邮船支店	濑尾政太	法租界紫竹林	南 354、223、261
隆和公司	内山春吉	日本租界旭街	3491
山下汽船会社	清水章三郎	顺隆码头	南 273
大连汽车出张所	川村龙雄	旧俄租界码头	南 851278
大阪商船支店	竹内三一	法租界 10 号路	南 1031、1308
三井洋行	冈崎省三	日本租界山口街	1785

【仓储业】

平井洋行	平井久一	日本租界寿街	566、4387
奥棉行	奥为藏	法租界码头	南 837
大连汽船出张所	川村龙雄	法租界	南 96
隆和公司	内山春吉	日本租界旭街	658、4189
天津仓库会社	田村多吉	法租界	南 1079
保科洋行	保科义平	法租界	南 816、931

【火灾海上保险代理业】

保险公司	代理店	所在地	电话
帝国海上火灾保险公司	武齐洋行	日本租界山口街	260
太平洋海上火灾保险公司	保科洋行	法租界	南 816、931
东神火灾	同上	同上	南 816
帝国海上运送火灾保险公司	大仓洋行	日本租界山口街	123、250
东洋海上保险公司	大仓洋行	日本租界山口街	123、350
千代田火灾保险公司	三井洋行	日本租界山口街	1039
明治火灾保险公司	同上	日本租界山口街	同上
日本火灾保险公司	同上	日本租界山口街	同上
共同火灾保险公司	同上	日本租界山口街	同上
东京火灾保险公司	同上	日本租界山口街	同上
横滨火灾保险公司	同上	日本租界山口街	同上
大正火灾保险公司	同上	日本租界山口街	同上

续表

保险公司	代理店	所在地	电话
大阪火灾保险公司	三井洋行	日本租界山口街	同上
东京海上保险公司	同上	日本租界山口街	1039
三菱海上火灾保险公司	三菱公司	日本租界荣街	4646
横滨火灾海上保险公司	松昌洋行	日本租界旭街	470
日本海上保险公司	天津仓库公司	法租界	南 1079
神户火灾海上保险公司	西村洋行	日本租界旭街	129
扶桑海上保险公司	住友洋行	法租界 2 号路	南 460
大阪海上火灾保险公司	大阪商船公司	法租界码头	南 1031、1308
横滨火灾海上运送信托保险公司	增田洋行	日本租界松岛街	360、800

【生命保险代理业】

明治生命保险公司	平林吴服店	日本租界寿街	130
日清生命保险公司	金山洋行	同上	98、4415
帝国生命保险公司	副华洋行	日本租界旭街	2291
千代田生命保险公司	大仓洋行	日本租界山口街	123、250
日华生命保险公司	正交洋行	日本租界旭街	2939
东洋生命保险公司	三友洋行	日本租界寿街	200
大正生命保险公司	平井洋行	同上	566、4387
共济生命保险公司	正隆银行	日本租界旭街	844、4601
横滨生命保险公司	松昌洋行	同上	470

续表

蓬莱生命保险公司	义成洋行	日本租界寿街	946
太平生命保险公司	顺隆洋行	同上	129
日本生命保险公司	玉井洋行	日本租界寿街	308
征兵生命保险公司	华胜公司	同上	2136
东海生命保险公司	平野洋行	日本租界旭街	280
大同生命保险公司	华胜公司	日本租界寿街	1236
有邻生命保险公司	福福商会	日本租界常盘街	3672

【通关代办业】

中日运输公司	吉野久七	日本租界宫岛街	2743 南 732
山下洋行	山下保胤	日本租界松岛街	1725 南 671
天津运输公司	宫崎勇雄	日本租界荣街	10151 南 880
通裕洋行	打鸟勇熊	日本租界松岛街	1725 南 671
通运公司	野坂敏夫	俄租界	南 15014187
天永洋行	鹿儿岛荣之助	日本租界松岛街	1694 南 281
结城洋行	结城正也	日本租界寿街	331 南 256
正隆洋行	萩谷正雄	同上	448
三协洋行	河原常七	法租界	南 1079
光俊洋行	二见光一	日本租界常盘街	4981

【法律事务所】

石川法律事务所	石川通	日本租界宫岛街	864
大木法律事务所	大木干一	日本租界吾妻街	330
桥本法律事务所	桥本二郎	日本租界花园街	3731

【洋服商】

长船洋服店	长船武雄	日本租界平仪里	—
日清洋行	梅谷丈之助	日本租界福岛街	—
冈田洋服店	冈田寅三郎	日本租界曙街	303
田沼洋服店	田沼善一郎	淡路街	—
鹈野洋服店	鹈野梅三郎	日本租界曙街	2791
斋舞洋行	押野信志	日本租界吾妻街	—
铃木洋服店	铃木仪三郎	日本租界常盘街	2608
男熊洋服店	男熊不久一	日本租界福岛街	—
片山洋服店	片山政二	日本租界桥立街	—

【和服商】

平林和服店	平林仪左卫门	日本租界寿街	130
岩崎和服店	岩崎刚	同上	2166
荒金洋行	小岛八藏	日本租界曙街	—
冈田洋服店	冈田寅吉	同上	303
幸四和服店	幸四贞四郎	同上	3636
斋藤和服店	齐藤利作	日本租界芙蓉街	4409
绫井和服店	绫井干次	日本租界松小路	—
松屋和服店	松本侑久子	日本租界宫岛街	2570
美浓屋	见田村菊次子	日本租界福岛街	106
西尾新七商店	西尾新七	日本租界常盘街	—
长冈号	长冈八十吉	日本租界曙街	201

【书籍、印刷业】

日光堂书店	臼井邦太郎	日本租界寿街	2689
白木东京堂	白木孝雄	日本租界寿街	163
双龙洋行	谷川三千枝	日本租界旭街	2940
东和印刷局	武田守信	日本租界花园路	350
中东石印局	富诚一二	日本租界山口街	481
仲野洋行	仲野源次郎	日本租界芙蓉街	4566
日华公论印刷部	小仓章宏	日本租界荣街	236、2523、3474、3772
新昌印刷局	有马包尔	日本租界寿街	5113
不倒号	山口清	日本租界福岛街	2873

【点心店】

福荣堂	江木荣吉	日本租界松岛街	—
白木东京堂	白木孝雄	日本租界寿街	163
林商店	林满吉	日本租界芙蓉街	4528
日月堂	村上房吉	日本租界宫岛街	3823
木村果子铺	木村梅吉	日本租界曙街	4957
瑞丰洋行	大野荣	日本租界旭街	3837
木村屋	中条藤吉	日本租界福岛街	—
青月堂	古泽清作	日本租界曙街	—

【土木建筑业】

茨木洋行	茨木民藏	日本租界寿街	73
狭间工程局	狭间扫部	日本租界常盘街	3647
山越工程局	山越金太郎	日本租界菊街	4517

续表

万泰号	西原万泰郎	日本租界花园街	2119
永户工务所	永户新吾	日本租界常盘街	1176
华胜公司	臼井忠三	日本租界寿街	2236
朝日组	三谷为吉	日本租界曙街	763
宫岛工程局	宫岛兴作	日本租界橘街	1699
赤山工程局	赤山今朝次	日本租界橘街	3450
贞森公司	贞森利一	日本租界福岛街	720
平冈组出张所	渡边竹治	同上	3536
掠工程局	掠常吉	日本租界橘街	3953
高田工程所	高田清吉	日本租界花园街	2154

【理发业】

金森理发馆	金森末吉	日本租界寿街	—
渡边理发馆	渡边铁二	日本租界曙街	4722
小林理发馆	小林一考	日本租界吾妻街	—
名山理发馆	幸加木市太郎	日本租界曙街	—
洋风轩	中谷幸次郎	日本租界松岛街	365
熊取理发店	熊取谷安藏	日本租界梅小路	—
伊藤理发店	伊藤寅次	日本租界福岛街	—
清水理发馆	清水吉助	日本租界芙蓉街	—

【证券兑换中介】

—	池田刃负	日本租界荣街	2326
—	佐藤玖作	日本租界常盘街	2091

【染料商】

东华洋行	高桥幸夫	日本租界常盘街	855、3844
堀井誊写堂	深谷宪次郎	日本租界旭街	3141
慎隆洋行	中井真津太郎	同上	1069、3133
三井洋行	冈崎省三	日本租界山口街	240、3621
茂寿洋行	高田隆一	日本租界寿街	2084
瑞宝洋行	大野荣	日本租界旭街	3837
乾卯支店	田中兵太郎	同上	2405
交易洋行	山田德太郎	日本租界桥立街	3324
荣喜洋行	藤井荣左工门	日本租界荣街	4817
德昌洋行	山本英夫	日本租界荣街	4772
依田洋行	依田正义	日本租界福岛街	2873

【草席制造与草席业】

备后屋	太田丘平	日本租界福岛街	12222
友村席屋	友村几吉	同上	772
门七席屋	门田七三郎	同上	—
赤山席屋	赤山今朝治	日本租界扶桑街	3300
大桥席屋	大桥小太郎	日本租界秋山街	—

【其他】

东京建筑公司支店	大贺龙吉	日本租界寿街	122
东亚烟公司	中岛盛彦	日本租界旭街	112
天津兴信所	小仓知正	日本租界寿街	4500
锦西煤矿公司	宝相寺真彦	日本租界花园街	3128
太阳汽车公司	横滨铁城	日本租界加茂街	3641

第三项　外国商铺

【一般进出口商】

辽东公司	American Far East Trading Co.	法租界
富来公司	American Industrial Supply Co.	同上
茂生洋行	American Trading Co.	同上
安定洋行	G. A. Andresen & Son. Jnc.	英租界
安利洋行	Arnhold Brothers & Co.	英租界
亚细亚火油公司	Asiatic Petroleum Co.	法租界
柏利洋行	Barkley Co.	法租界
备克洋行	Beque, Henri	同上
美生洋行	Berelson, J. B.	英租界
卜内门公司	Brunner, Mond & Co.	旧俄租界
美丰洋行	China Amrican Trading Co.	法租界
德太洋行	Caina & Java Export Co.	同上
华蒙洋行	China Mongolia Export Co.	旧俄租界
振兴洋行	China Strawbraid Export Co.	法租界
高林洋行	Collins & Co.	英租界
永福洋行	Crofts & Co.	同上
信记洋行	Eastern Trading Co.	英租界
协隆洋行	Fearon, Daniel & Co.	同上
仁记洋行	Forbes & Co. William	同上
公懋洋行	E. W. Fraxar & Co.	法租界

华顺洋行	Gallusser & Co. , A	旧俄租界
高利洋行	H. & W. Greer, Ltd.	英租界
锦隆洋行	Harrisons, King and Irwin Ltd.	同上
永裕洋行	Harper & Co. Ralph.	法租界
聚立洋行	Hatch, Charter & Co.	英租界
慎昌洋行	Andersen Meyer & Co.	法租界
恒丰洋行	Holland China Trading Co.	同上
郝兴公	L. Horenstein & Co.	同上
有喊洋行	Jnvet & Co.	同上
平和洋行	Liddells Bros, & Co. , Ltd.	英租界
隆茂洋行	Mackenzie & Co.	同上
美隆甘草公司	Mac Andrews & Torbes Co.	同上
瑞隆洋行	Nordisk F'gerbabric, Ltd.	法租界
华信洋行	North China Trading Co.	英租界
永兴洋行	Olivier & Co.	法租界
德隆洋行	Perrin, Cooper & Co.	同上
立兴洋行	Racine & Cie.	同上
泰和洋行	Reiss & Co.	英租界
捷美洋行	John Rothschild & Co.	法租界
良济洋行	Rousseau, E.	法租界
胜家洋行	Singer Sewing Machine Co.	同上
杨达洋行	Smythfield Export Co.	英租界
茂新洋行	J. Spunt & Co.	同上

美孚洋行	Standard Oil Co.	法租界
协懋洋行	United States Trading Corporation	法租界
新泰兴	Wilson & Co.	英租界

【机械商】

美清公司	American Machinery & Export Co.	法租界
慎昌洋行	Andersen, Meyer & Co.	同上
美丰洋行	China American Trading Co.	同上
美常洋行	F. W. Horme Co.	同上
普丰洋行	Pottinger & Co.	英租界
新旗洋行	Shewan Tomes & Co.	法租界
泰孚洋行	Twyford & Co. J.	英租界

【木材商】

祥泰木行	China Import & Export Lumber Co.	法租界
大赉洋行	Dollar Co. The Robert	同上
大来木行	Dollar Lunber Co.	同上

【烟草商】

英美烟公司	British American Tobacco Co.	旧俄租界
正昌洋行	Karatzas Bros & Co.	法租界
希腊烟公司	Galatis Tobacco Association	同上
协和烟公司	Tientsin Tobacco, Co.	英租界

【药商、杂货商】

利华药房	Henderson & Co. J.	英租界
良济药房	Woollen Vosy & Co.	法租界

万和公司	H. E. Bland & Co.	英租界
正广和	Caldbeck, Macgregor & Co.	同上
福利公司	Hall & Holtz, Ltd.	同上
大丰洋行	Heron & Co.	法租界
增茂洋行	Hirsbrunner & Co.	英租界
谋得利	Moutrie & Co. Ltd's	同上
裕通洋行	Moyroux, V.	法租界
永昌泰洋行	Talati Bros & Co.	旧俄租界
宝隆洋行	Tientsin Art & Jevelry Store	同上
乌利文	Ullmann & Co. J.	法租界
惠罗公司	Whiteaway laidlaw & Co.	英租界
亨达利	Vrard & Co. L. .	法租界

【运输业】

太古洋行	Butterfield & Swire	英租界
美国运输公司	American Forwarding Co.	法租界
怡和洋行	Jardine Matheson & Co.	英租界
平和洋行	Liddells Bros & Co.	同上

【其他】

天津电车电灯公司	Compagnie de Tramwayset D'Exlairage de Tientsin	特别　二
法国电灯房	L'Eneryie Electrigue de Tientsin	法租界
天津电灯公司	Tientisn Gas and Electric Light Co. Ltd.,	英租界

第三章　游览地及娱乐设施

第一节　游览地

【李公祠】李公祠坐落在窑洼省长公署的西北部，用来祭祀已故的北洋大臣李鸿章。光绪三十一年，皇上下令在祠堂后面建造恢宏又美轮美奂的庭院花园。夏天莲花盛开的时候适宜游览。

【河北公园】又称“劝业场”，处于窑洼大经路。作为公园其设施并不齐全，但是，园内的陈列馆陈列着直隶全省的产品，且作为样品涵盖了中国各地的主要物产。另外，还展示了一些国外产品，以日本产品居多。

【曹家花园】坐落在窑洼黄纬路西，以前是督军曹锟的庭院。园内广阔，林景雅致，凝结了中式庭院的珍奇之处。平时不对外开放，如果有人想要游览，也会欢欢喜喜地开门相迎。

【种植园】种植园在窑洼总车站的东部，园内有许多杨柳、芦苇和假山。亭楼的设计便于饮茶，园中的池塘可以泛舟，景色幽雅在当地屈指可数。

【新河桃林】距离京奉铁路的新河车站（距离天津约24英里，行程约1小时）约1英里，行程约4小时。在新河的沿线，与天津经由白河通小汽艇。行程约4小时。每年春暖花开时节，天津内外的富绅都会来此观看数万株桃花齐放的盛景。

【租界地内公园】这里有不容错过的大和公园（日本租界）、维多利亚公园（英国租界）以及俄国公园（旧俄国租界），等等。大和公园的树木繁茂，还有喷泉。夏天黄昏时可以乘凉。园内建天津神社，参拜的人很多。每到夏天，维多利亚公园的中式音乐厅每周举办两次晚间演奏会。俄国公园内郁郁苍苍的老树枝蜿蜒交错，形成树下荫翳，其天然风趣是其他公园无法相比的。

第二节　娱乐设施

【图书馆】日本图书馆（大和公园内）是由日本侨民团运营的，那里在原有藏书的基础上又增加大量新闻和杂志，面貌一新。每天上午8点到下午10点开放。英国图书馆（维多利亚公园旁）是天津最古老的图书馆，由英国工部局运营。每个月的阅览者据说多达700人。天津图书馆

（河北公园内）有不少中国古籍。每天上午 10 点到下午 4 点开馆，借阅需要铜钱 2 仙。

【俱乐部】日本人俱乐部（大和公园内）除了有球台、围棋、象棋、报纸、杂志等以外，还有酒保食堂设施。经两名会员介绍就能入会，会费为每月洋银 2 元。同文俱乐部（日租界闸口）是由中日两国共同设立的，内设球台和其他室内游戏用具。游艺津会（英租界维多利亚街）——又称“天津俱乐部”，是由英美两国侨民经营的俱乐部，各种设施齐全。ABC 俱乐部（游艺津会内），是作为英美中三国的商业会议所而设立的，工商业发挥极大的影响。海关俱乐部（英租界维多利亚街），是天津税关官员设立的机构。法兰西俱乐部（法国租界），是由法国人设立的俱乐部，集公会堂、俱乐部于一身，设施齐全。天津赛马俱乐部（英租界维多利亚街），每年春秋两季在英租界的南郊赛马场举行赛马大会。这天，以海关为首的外国银行会停业，一般的日本侨民也参与到巨额的赌注中，此乃一大盛观。

【美食】在第一章第二节第四项介绍的日本料理大多属于相聚和招待的场所，真正能够享受美味的日本料理店有岩仓鱼店（电话 2066）、安原寿司屋（电话 2179）、奴寿司屋（电话 3672）、新湖月（电话 2452）、更科荞麦屋

（电话 488）、玉川荞麦屋（电话 880）、东一（电话 1633）、入船（电话 3459）、冈部（电话 3459）、三日月（电话 4678）、天取 Bar（电话 4679）和外卖店等。

【游戏场】日本人运动场（日租界南端）是日本人运动会棒球部的比赛场，冬季该会的滑冰部设置滑冰场。春秋两季举办日侨大运动会。弓术场（大和公园内）也是日本人运动会的竞技场。英国游戏场（英租界段戈登道）即 Recreation Ground，场内宽阔，每月运动俱乐部、网球俱乐部和足球俱乐部举办部员的竞技大会，也会举办棒球竞技大会。春秋举办大型运动会。法国游泳场（法国租界）有清澈见底的小游泳池，夏季有很多外国人游泳。

【剧场】日本剧场有一家浪花座（日本租界寿街），但规模较小，仅能容纳 300 人左右。前年[1]天津剧场的计划至今还没有实现。外国剧场金色宾馆（英租界公会堂内）也仅容 200 人，不过内部结构极为优美。中国剧场，最鼎盛的是东天仙茶园（旧奥租界）、升平茶园（南市）、丹桂茶园（南市）、广和楼（南市）、元升茶园（城内）、兴华茶国（河北）和大舞台（南市）等其他大小 30 多家。建筑宏壮，大约可容纳 1500 名观众。

【球场】有日本人经营的球游亭（日本租界寿街电话

---

[1] 1920 年。

2395)。其他的有市内华楼球房（南市）、集贤球房（南市）、体育球房（南市）、满庭芳球房（河北公园内）、新亚球房（旧奥租界）等数家，生意非常兴隆。

【电影】有光明社（法国租界）、万国电影（法国租界）、西权仙电影（法国租界）、新明大戏院（日本租界）等。光明公司在日本租界附近，由于门票（10 仙、20 仙、30 仙、40 仙）比较低廉，经常有很多日本人观览。最近由好富道明、中山德次等发起的天津电影公司位于日本租界福岛街（资本 50 万鹰洋，已投入 1/4）和红山今朝次等发起的明星社（日本租界福岛街）目前正在建设中，应该很快开张。

【书馆】俗称落子馆。每日下午 2 点到 6 点、下午 7 点到 12 点的两个时间段，著名的艺伎登场表演歌舞。其中最主要的是中华茶园（日租界旭街）、同庆茶园（日本租界）、权乐茶园（南市）和群英茶园（南市）等。

【花茶馆】花茶馆类似日本的“寄席”，就是表演喜剧、魔术、讲坛、单口相声、音乐等各种曲艺。主要有恩成茶园（南门外）、华宾茶园（南市）和集贤茶园（南市）等。

参考资料

第一、秦皇岛

【历史】秦皇岛作为中国北方唯一的不冻港而渐渐为世人瞩目。公元1898年清政府为了自身发展，宣布对外开放秦皇岛，1902年实行。1902年义和团运动时各国协商进行筑港经营，作为海军登陆地点开始修筑临时栈桥，后来由开平矿务局改建，与铁路线相连接，在冬季冰冻期间为中国北方的海运提供便利。

【市街概观】秦皇岛位于北纬39度9分、东经119度6分2厘，山海关以西。距离京奉铁路的主要车站天津东站165.1英里，奉天车站283.32英里。具备直通该港栈桥的货车专用线路。中国街市位于丘阜的西北方，户数约300户。其市况冬季繁荣，而到了地方各港的解冻期就开始衰落，因此几乎没有常住的富商，大多数是作为办事处，市面上房屋的结构也很粗简。警察署、天津海关办事处、邮政局、开滦矿务及附属住宅、仁记洋行、三菱公司出差人员宿舍、松昌洋行办事处、南非殖民公司的中国劳工宿舍等都在丘阜。另外，还有外国军队在沙滩上建设的驻屯地。Rest house旅馆是当地唯一一家西式旅馆，美式房间的住宿费在5鹰洋以上。

【码头设备】从半岛尖端向西南方向，有一座海桥。大栈桥全长1860尺，幅宽60尺；小栈桥全长503尺，宽度有30尺，向矿务局支付规定的费用之后，一般的轮船就可以停泊在桥侧了。而且，栈桥上又将站内货物线延长，方便海陆联系。另外，秦皇岛南山角有灯塔及信号所，方便航海船舶的进出。

【进出口货物】大宗货品主要是上海运来的棉织品、石油、纸卷烟草等，出口的开平煤炭，约占出口全额的90%。其他出口商品还有花生、豹皮、耐火砖、水泥、牛肉等。

【秦皇岛和天津的关系】天津是外国贸易港，可海河与大沽水道的淤积以及冬季水面的冻结令人感到不便。前者经海河工程局兢兢业业地进行疏通施工，大见成效，但后者至今也不知该如何处置。最近也在建造碎冰船，但其效果远不及当初的期待，因此，天津的商人一直在呼吁发挥冬季不冻港的必要性。秦皇岛能够充分发挥这个职能，从过去几年的经验来看是无可厚非的。冬季不结冰，即使结冰，大船也非常容易破冰前行，所以除了当初运送煤炭的目的以外，还成为天津的冬季副港。可以说秦皇岛让天津的贸易增强了10%。

第二、大沽

【位置】大沽位于白河河口的右岸。与塘沽相对，距离天津约 37 海里的水路。海洋方面，与芝罘距离 194 海里，大约 1 天的行程。

【市街概观】市街分为东沽、西沽二区，人口约 7000 人，东沽有警察分局、大沽宾馆等。西沽有钞关分局、税局、警察署、渔业公司、天主教堂等。产自大沽港附近海河的鱼虾是天津市民的主要膳食。在郊外沿岸一带有名的长芦盐场的一片区域汲水的风车林立，另外，清朝末叶在数次对外起义之际为了震慑侵略者而设立的南北两炮台的旧址依旧保留。

【大沽锚地】大沽港是和白河水运相连的中国北方客货吞吐港。航海船舶在大沽停泊的地点是白河河口外 8 海里处、距离天津市街大约 37 海里的海中，其锚地有常设的灯台船进行标示。船舶和陆上的联络是通过天津驳船公司运营的小汽艇进行，最为安全。

第三、塘沽

【位置】从大沽仅需沿白河航线就能到达对岸的塘沽。塘沽是京奉铁路的主要驿站，停车场位于市街的西北郊。距天津水路约 34 海里，铁路 27 英里。

【市街概观】塘沽的街市于太平天国起义的时候，惨遭军队的焚毁，原来此地是水陆要道，1902 年根据《辛丑条约》设置了外国驻屯军营，此后渐渐改头换面。塘沽停车场附近有电报分局、邮政分局、电话分局、运输公司，日本邮政局、天津海关办事处等。人口约2500人以上。旅馆有铁道旅馆（停车场内），为欧式旅馆，住宿费6鹰洋50仙。和清洋行以及谷村旅馆是日本旅馆，住宿费3鹰洋50仙左右。主要是为了方便乘坐船舶的客人休息住宿。

【车船交通】此地为渡海过来进入中国北方各地的旅客，特别是那些从大沽港换乘小汽艇的旅客的登陆点。海岸上有为客货出入便利而设的招商局、开滦矿务局以及日本邮船公司、怡和洋行等的栈桥、仓库。每当大沽港下锚的母船和塘沽码头间涨潮时通过小汽艇通航（航程约2个小时）。另外，陆上的京奉线车站有京津方面上下行各列车的经停站，此处可换乘适宜的列车。但是，在这种情况下，如天津一章的第一项所讲述的一样，多为日本邮船的船只，一等船客到天津的车票是大船发行的指定票，不需要其他的费用就可以到天津东车站。

第四、山海关

【历史】山海关是著名的长城起点，距离奉天260英里，位于天津东方180英里。不查史书也可知道，这里是历代中国古代帝王扼住辽左[1]咽喉的最有利地形，宋以来

---

[1] 辽东的别称。

历代兴亡也与这道关有诸多关系。现在的城郭是明初修筑的，清代时则益加繁盛，更是开通京奉铁路，旅客往来停泊让此处更加富裕兴盛起来。从几年前奉天至天津间直达列车的通车开始，此处相较之前稍显冷清，成为一个内地交易市场。

【市街和名胜】市街分为四区，人口约 33000 人，旅馆及外国人大多在南关。现在日本侨民约400 名居住于此，也有两家日本旅馆。

作为名胜，长城的雄伟壮观自不必多言，也有很多像第一关、角山寺、二郎庙、龙神庙、先师庙、海水浴场及其他景胜。

【各国驻军】山海关是义和团起义时被七国联军侵占的，当时是各国主要军队驻屯地，现今只剩下日、英、法三国军队驻扎。

第五、山海关到天津的主要站点

【沿线概要】夏季有很多北京、天津到北戴河海水浴场避暑的中外游客。昌黎是有名的水果产地。滦州是日本军队常驻的一处驻地，依靠滦河水运最远可达热河。唐山位于山海关与天津的中间位置（快车来回共约 3 小时行程），人口约 2 万人，著名的开平煤炭产自其附近。

第二篇

北京部分

第一章　从抵达北京到旅馆

第一节　车　站

【京奉铁路车站】 北京是京奉、京汉及京绥三条铁道会合的地方，前两条铁路的终点站位于北京内城南侧中央的正阳门外东西约百步的距离。京奉铁路车站是天津、奉天或济南方面旅客的到达地，由于位于正阳门的东侧，所以称作正阳门东车站。

【京汉铁路车站】 位于正阳门西，保定乃至汉口方面的目的地。

【京绥铁路车站】 经京绥铁路从张家口乃至大同方面来的旅客可以从分布在城西的西直门站或广安门站中二选一，特别是去往各国使馆所在地方向的旅客基本上在后者车站下车比较方便。

第二节　车马费

【汽车】上海汽车行，由荒木克尔经营，位于王府井大街（电话东局2797）；风龙公司（王府井大街）；风燕公司（东长安街）；高大公司（佟府夹道）。租金按小时计算是第一个小时5鹰洋，第二个小时4鹰洋，第三个小时以后每小时3鹰洋。包车半天（4小时）15鹰洋、1天（8小时）25鹰洋。往返万寿山15鹰洋。此外，一般还会给司机1鹰洋的酒钱。

【马车】飞龙公司（王府井大街）、飞燕公司（东长安街）、升昌永（米市大街）等十余家马车行。租金1小时大洋50仙左右，租一上午2鹰洋、一下午3鹰洋左右（小马车1匹）；全天租金大马车2匹8鹰洋、1匹6鹰洋；小马车2匹6鹰洋50仙、1匹4鹰洋50仙。往返万寿山视作全天租赁。一般也是给司机1鹰洋的酒钱。

【人力车】除了各大车站以外，城内外各处都有人力车的停车场。1小时的租金15~20仙，1天1鹰洋，往返万寿山1鹰洋50仙。东交民巷附近的人力车比较好，速度快，比普通人力车贵一半乃至一倍。包租1天以上的各类车马，如果跨越吃饭时间，那么也如上所述，在给司机1

鹰洋酒钱的基础上还要额外付饭钱（一般20仙）。

第三节　旅　馆

【欧式旅馆】六国饭店（Grand Hotel Des Wagons - Lists，东交民巷），由比利时人经营，有大大小小70间客房，使用英、法、中文。住宿费：特等15鹰洋、一等12鹰洋、二等10鹰洋、三等8鹰洋（含三餐以及茶水），夏季电扇使用费1天50仙，长期居住有折扣。北京饭店（Grand Hotel de Peking，东长安街）。住宿费：美国式一等9~10鹰洋、二等8鹰洋、三等7鹰洋。早餐1鹰洋，午餐及晚餐各1鹰洋50仙。预订1个月：一等180鹰洋，二等160鹰洋，使用语言和前者相同。长安饭店（Astor House Hotel，王府井大街），住1晚5鹰洋，包月100鹰洋，使用英文和中文。顺利饭店（Hotel Du Nord，崇文门大街），住宿费与长安饭店相同，使用德文和中文。德昌饭店（Te - Chang Hotel，灯市口），中西结合，西餐与中餐随意选择。住宿费（带三餐）：一等5鹰洋、二等3鹰洋。东安饭店（Palace Hotel，东长安街），由中国人经营。住宿费：1晚5鹰洋，1个月的有90鹰洋及120鹰洋两种。电报饭店（Telegraph Hotel，东长安街），由法国人经营，

1晚的住宿费为4鹰洋，1个月80鹰洋。

【日本旅馆】扶桑馆（东单牌楼电话东局26、27、63、93）。住宿费（含两餐）：一等7鹰洋左右、二等5鹰洋左右。华东饭店（东单牌楼电话东局43），又名“林旅馆”，中式日本旅馆。住宿费：一等5鹰洋左右（含西餐）、二等3鹰洋左右（含中餐）。一声馆（崇文门内船板胡同电话东局347）。住宿费（带三餐）：一等4鹰洋左右、二等3鹰洋左右。一二三馆（东单牌楼羊肉胡同电话东局469），一等4鹰洋左右（1个月90鹰洋左右）、二等3鹰洋左右（1个月75鹰洋）。松尾家（兼营住宿，东河沿电话南局165），1晚2鹰洋左右（带三餐），1个月以上有优惠。便于学生等团体旅行。

【中国旅馆】洋式的、壮丽的大厦，设备齐全，很多位于前门外西河沿附近。金台旅馆（西河沿），住宿费：特等3鹰洋（每增加1名50仙）、最优等2鹰洋50仙（每增加1名50仙）、优等2鹰洋、头等1鹰洋。群贤旅馆（西河沿），70仙~2鹰洋40仙（各等每增加1名20仙）。中西旅馆（同上），1鹰洋~2鹰洋50仙。第一宾馆（打磨厂），特等（3人间）2鹰洋40仙、最优等2人间1鹰洋20仙。此外大概还有十四五家这样的旅馆。上述的住宿费是房费、饭钱、电费，副食要另行付费，一餐大概50

仙～1鹰洋。另外暖炉、寝具等都要另行计算。

第四节　餐　馆

【西餐馆】虽然没有专业餐厅，但可以在上述的六国饭店、北京饭店等欧式旅馆的食堂用餐。早餐1鹰洋、午餐和晚餐各1鹰洋50仙～2鹰洋。

【日本餐馆】长春亭（东单羊肉胡同，电话东局89）及朝日轩（东单沟沿头，电话东局123）有最著名的艺伎。兼营外卖的店铺是万岁屋（东单八宝胡同，电话东局258）、二叶（东单羊肉胡同，电话东局203）、石田（又名“鱼作”，东单八宝胡同，电话东局1850）、幕田（八宝胡同，电话东局1112）、岸本（又名“新泉”，范子平胡同，电话东局2839）等。

【中国餐馆】饭庄是指专用于官绅宴会和庆祝活动的规模宏大的场所。主要有天寿堂（西珠市口）、会贤堂（什刹海北沿）、福寿堂（打磨厂金鱼胡同）、惠丰堂（观音寺街）、燕寿堂（总布胡同）、来今两轩等，其中也有设有舞台设施的饭庄。

饭馆子类似日本料理店，非常便于聚餐。但是，如今与饭庄之间没有显著的区别。有泰丰楼（煤市桥）、天和玉（石头胡同）、致美斋（煤市桥）、正阳楼（前门外肉市）、百景楼（煤市街）、都一处（前门大街）、东兴楼（东华门外）、新丰楼（菜市口）、东升楼（前门外肉市）、同福馆（西四牌楼路西）等。聚餐一桌的价格为 12 ~ 24 鹰洋，一般也就 16 ~ 17 鹰洋。一桌有 12 人位。饮料费用和其他服务的小费（一桌 1 鹰洋左右）需要另付。另外，上述饭庄及饭馆子都可以单点餐食。

回族教席馆为回教徒开设的饭店，费用同其他饭庄、饭馆子差别不大，料理的特色是材料不使用猪肉而使用牛羊肉。有元兴堂（王广福斜桥）、又一邦（石头胡同）、同域楼（粮食店）、西域馆（同上）等。

茶楼有茶楼、茶家、清茶馆等不同的茶店。茶楼最高级的茶费是一位 5 ~ 6 仙，此外根据客人的需要，提供点心等。主要有第一楼（廊房头条劝业场内）、荔香茶社（同上）、春明馆（中央公园内）、中兴茶楼（东安市场）、沁芳楼（同上）、青云阁（观音寺街）等，分布在市内各处。

第二章 街区概况

第一节 街区概要

【历史】此地是古夏的幽州，周代是燕的旧地，辽代(公元936年)❶开始成为帝都，金（公元1153年)❷、元(公元1173年)❸两朝也据城设立台鼎。明初（公元1402年）的帝都定为应天府，此地随即成为北平府，只不过是一地方衙门的所在地。然而，之后明朝的永乐帝再次迁都此处，王城的盛观较之旧时倍增。其后清朝也在此处定都，沿用明朝旧址，更重新修补沿用至今。东交民巷成为外国使节的驻扎地，始于康熙二十七年（公元1688年）根据《尼布楚条约》派遣俄国贸易事务官至此处修建俄国馆。之后，咸丰十一年（公元1861年）英、法两国在此处设置使馆，美国、俄国两国也在边上效仿。同治二年（公元

❶ 应为916年。

❷ 应为1115—1234年。

❸ 应为1271—1368年。

1863年）以后，荷兰、西班牙、意大利、德国、日本、奥地利、比利时等诸外国使馆也相继设置。光绪二十六年（公元1900年）义和团运动之时，实际上附近一带曾陷入义和团的重围之中，出现了前所未有的对峙。列国会议商讨后，为了防止再次发生如上所述的惨祸，特别是防范对各国使节区域的进犯，所以决定常备护卫兵驻屯。这样，东交民巷一带形成了外国人所谓的“使馆区”特别区域。

【位置】中国的首都位于北纬39度54分、东经116度27分，在中国本土东北角直隶省的中央，即占据直隶平原的一角，其西南方是掌控天津的最佳地形。

【人口】获取准确数字是很困难的，根据前年6月京师警察厅的调查，户数17万650户，人口80万1706人，其中男51万5508人，女28万9568人。此外，日本人358户，1496人（男777人、女719人，另含朝鲜人14户70人、台湾人2户7人），其他外国人4000余人。

【城郭】抵达北京以后令外国人第一眼看到感到震撼的是环绕内城和外城的砖造城墙的雄伟壮观。现在的北京城是明朝永乐十五年（公元1417年）6月动工、永乐十八年12月完工、历经清朝重修的城郭。

内城周围40华里，高3丈5尺5寸，城墙占地6丈2尺，上部5丈，周围有9个城门。宫城的南方是正面，正阳门为中心，左侧崇文门（哈德门），右侧宣武门（顺治门）。北面东侧安定门、西侧德胜门；东面的北侧东直门、南侧朝阳门（齐化门）；西面的北侧西直门、南侧阜成门（平则门）。城墙四角有角楼，各门有华丽的门楼，为宏壮的城墙增添了魅力。内城墙南北两面，各2230丈，东面是1780余丈，西面有1560丈，不是正方的。墙壁有11038个枪眼，2108个炮眼，且外周护城河环绕。

外城是内城建后132年、明朝嘉靖三十二年建筑的，据说当时已经有了围绕内城建造的计划，可由于缺少经费，只建造了如今的一面而没有动工建造其他三面城墙。外城从内城的南侧环抱，东西呈长方形，长28华里，正面称为永定门。其东侧有左安门、广渠门、东便门，西侧有右安门、广宁门、西便门等7个城门。高2丈，城脚宽2丈、上部1丈4尺，南侧长1440余丈，东侧长1850余丈，西侧长1910余丈。气势恢宏的内外城真真切切地呈现出大国都城的壮观。

【街区】其全面积约5平方里，与日本东京市的面积相当。街区分为内城和外城。内城历来是紫禁城的中心，非常发达。清朝分配给八旗居住，其商业繁荣是外城遥不可及的，通往城内各门的大街纵横交错，有无数的胡同（小路）交会，通行十分便利，街道整洁，宛如日本的京都。也有很多官府、宫庙、府邸等壮观的建筑。

从南侧的正阳门进入内城，经过紫禁城正面的表门“中华门”，穿过正门，有一条直通天安门的通道。其西侧偏西的地方是司法部、大理院、高等裁判厅、地方裁判厅等各司法部门的官府。东侧正前方宗人府、警察厅等墙壁相连并排排列。这道墙背面（即城墙）与东长安街中间的一带地区被称为东交民巷。列国公使馆、兵营、邮局、银行、杂货店、旅馆等欧式建筑鳞次栉比，形成了一条整齐的街区。另外，与东长安街相隔与之相对的地方是邮政总局、京汉铁路管理局、电报总局等建筑物。其次崇文门起向北到东单牌楼及与之垂直相交的东长安街，二者并称城内最繁华街道，外国人的店铺日益增加，住在北京的日本人住宅、杂货店、旅馆、餐饮店等很多店铺聚集在这里。距离东单牌楼约 10 町[1]北侧的东四牌楼也是繁华的街区之一。在宫城的西侧，与东单牌楼和东四牌楼占据相似位置的西单牌楼和西牌楼共同处于与宫城相邻的商业中心地带，可以看到很多中国豪商的店铺。从宫城的后侧出来，钟楼和鼓楼两大建筑高耸入云，发出的声响可以传遍全城。宫城的内城中央偏西南的区域与周围街区被围墙环绕，形成了一个走廊。南有天安门、东有东安门、北有地安门、西有西

[1] 日语中的距离单位，1 町约等于 109 米。

安门4个城门。其内部的西侧北海、中海和南海三湖相连，贯穿南北，大总统府位于中海中央小岛上。

外城有著名的天坛、先农坛及其他寺院、坟墓、园圃、荒地等，约占外城总面积的2/3以上。形成市街的部分极为狭小，但正阳门外的前门大街一带是百货聚集之所，豪商巨贾的店铺鳞次栉比，车马往来川流不息。大街西侧的大栅栏、观音寺街有许多以规模较大的劝业场为首的剧场、料理店、丝绸店、药店、首饰店、杂货店等。那些金碧灿烂的店铺招牌令人眼花缭乱。观音寺街的西侧琉璃厂旁有许多贩卖书籍、古董、文具用品的店铺，并排相连，附近有电话总局、高等师范学校、医学学校等。

第二节　各种机构

【主要的中国官衙】总统府（旧皇城内中海）、国务院（西安门内新开路）、众议院（象房桥）、参政院（同上）、审计院（西城徹子胡同）、外交部（东堂子胡同）、内务部（内务部街）、财政部（西长安街）、陆军部（铁狮子胡同）、海军部（同上）、参谋总部（西安门内）、交通部（西长安街）、司法部（刑部街）、教育部（东铁匠胡同）、农商部（粉子胡同）、税务处（西堂子胡同）、监务署

(西长安街)、制币局（兵部街)、总税务司署（东交民巷)、大理院（刑部街)、蒙藏院（八棵槐)、步军统领衙门（帽儿胡同)、京兆尹公署（交道口)、京师警察署（户部街)、全国水利局（丰盛胡同)、经界局（旧户部衙门)、高等裁判厅（刑部街)、高等检察厅（同上)、地方裁判厅(同上)、地方检察厅（四眼井)、大兴县署（安定门大街)、宛平县署（后门外西皇城根)、京汉铁路管理局（东长安街)、京绥铁路管理局（西城四牌楼羊肉胡同)。

【公使馆】日本使署（东交民巷电话东局 12、314、800)、英国使署（同上)、美国使署（同上)、法国使署(同上)、俄国使署（同上)、意大利使署（同上)、荷兰使署（同上)、比利时使署（同上)、葡萄牙使署（霞公府)、原德国使署（东交民巷)、原奥地利使署（同上)、墨西哥使署（东长安街)。

【主要的日本行政机构】日本公使馆（参照前项)、陆军武官室（公使馆内，电话东局 305)、海军武官室（东城丁香胡同，电话东局 250)、北京驻屯队（属于天津的中国驻屯军司令部管辖，东交民巷，电话东局 300、1033)、日本邮政局（参照后项，东交民巷，电话东局 125)、日本警察署（东交民巷，电话东局 28)、日本人居留民会（东单牌楼三条胡同，电话东局 158)、日本人小学（参照本节的教育机构一项)、大和俱乐部（参照第四节)、华语同学会（霞公府，电话东局 138)、本愿寺（东四牌楼六条胡同，电话东局 159）等。

【通信机构】邮政方面，中国局有北京一等邮政局（东长安街)、北京一等邮政局第一分局（崇文门内小报胡同)、北京一等邮政局第二分局（东交民巷)、北京一等邮政局第三分局（前门外东车站)、第六分局（西长安街）及其他市内各处约 16 所分局。营业时间大多是上午 9 点至下午 5 点。

外国局有日本邮政局（东交民巷，电话东局 125)、法兰西邮局（同上)、原俄国邮局（同上）等。日本邮政局一般普通的邮寄事务与天津相同。

电信方面有电报总局（东长安街)、电报总局南分局（打磨厂)、电报总局西分局（贾家胡同)、电报总局北分局（后门)。费用与天津的电报局一样。罗马字 10 个字为一句，发往英国一句话为 1 鹰洋 40 仙；发往美国（华盛顿以及纽约）为 1 鹰洋 95 仙；发往俄国为 65 仙；发往日本为 40 仙；发往中国内地一省为 9 仙、跨两省及以上 18 仙。日本邮政局与天津局一样可以向日本发日文电报，费用等其他事宜也与天津相同。

电话方面有电话东局（灯市口)、电话南局（东琉璃厂)、电话西局（海淀)、电话南苑分局（南苑)。可以与天津及塘沽进行通话。

【医院】日本人经营的医院有日华同仁医院（东单牌楼三条胡同，东局545、1905，西局2288）、川田医院（东单二条胡同，电话东局85）、仓田医院（西城兵部洼，电话南局233）、砂田医院（南池子冰窖胡同，电话东局996、2820）、山田产科院（东拴马，电话南局86）、原田医院（西草厂胡同，电话南局815）、池田医院（石驸马大街，电话西局1063）、普济医院（南横街，电话南局780）、回春医院（又名“春名医院”，取灯胡同，电话南局808）、江口医院（东长安街，电话东局2838）、斋藤产科院（八宝胡同，电话东局106）、伊藤齿科医院（东单八宝胡同，电话东局106）、北野齿科医院（西总布胡同，电话东局850）、金昌医院（前门外蔡家胡同）、铃木产科院（栖凤楼，电话东局68）、北京医院（石驸马大街，电话西局413）、山本医院（西单牌楼旧刑部街，电话西局13、1333）。

西洋人经营的医院有法国医院（Hospital International St. Michel，东交民巷）、美华同仁医院（Methodist Hospital，崇文门内）、施医院（Union Medical College and Peking Hospital，新开路、石大人胡同、石牌坊、帅府胡同四所）、美国医院（American Presbyterian Mission Hospital，安定门

内二条胡同）、妇婴医院（Sleeper Davis Memorial Hospital For Women and Children，孝顺胡同）、德国医院（German Hospital，东交民巷）等。

中国人经营的医院有内城官医院（钱粮胡同）、外城官医院（外城香厂）、南医院（顺治门大街）、京汉铁路医院（康家胡同）、中和医院（西长安街）、新华医院（西安门外）、北京医院（廊房胡同）、普仁医院（大石桥）等。

【教育机构】学校方面，外国人经营的有如下学校。日本人小学校，该校是日本居留民团设立的，校长除了彦阪恒四郎外还有 4 名，现在儿童百余名（东单三条胡同，电话东局 244）；日本语学校，该校由张实之个人经营，于民国八年 3 月开办（二条胡同）；北京儿童会（持原武子经营，史家胡同，电话东局 264，接受居留民会的补助）；中文同学会，明治三十六年 8 月创立（霞公府帽儿胡同，电话东局 134）；北京夜学会，于大正十年 2 月开办（三条胡同北京日本小学校内，电话东局 158），有学生 40 余名；三井书院，于大正六年 5 月创立（安定门内分司厅胡同，电话东局 722），学生 30 余名；三菱书院，于大正六年 5 月创立（米市大街史家胡同，电话东局 2930），有学生十数名；汇文大学校（Heking University，船板胡同）；

协和医学堂（Union Medical College and Peking Pospital[1]，东单三条胡同）；清华学校（Tsin – Hua College，京西本路清华园）；俄文专修馆（Russian college，东总布胡同）；耶稣圣心女学堂（L'Institution du Sacr Coeur，东单三条胡同）；等等。

中国人经营的有北京大学（城门内马神庙，含文、理、法、工四科）、北京大学预科（东安门内）、陆军大学校（西直门）、私立朝阳大学（汪家胡同）、私立中华大学（石驸马大街）、私立明德大学（干面胡同）、私立中国公学大学部（化石桥）等大学。高等师范学校（琉璃厂）、工业专门学校（祖家街）、农业专门学校（西直门外骆驼庄）、医学专问[2]学校（八角琉璃井）、法政专门学校（大仆寺街）、化石桥法政专门学校（化石桥）、中央法政专门学校（磨盘院）、新华商业学校（西安门外）、协和医学校（石瓦坊南）、交通部交通传习所（李阁老胡同）、农商部农林传习所（西直门外）、蚕业讲习所（二龙坑）、税务学校（禄米仓）、陆军军需学校（煤炸胡同）、陆军军官学校（同上）、航空学校（南苑）、高等巡警学校（北新桥）等。

---

[1] 原文“Pospital”应为“Hospital”的笔误。

[2] 原文“问”应为“门”的笔误。

专门学校程度的中学有师范学校（祖家街）、女子师范学校（石驸马大街）、第一中学校（郎家胡同）、第二中学校（史家胡同）、第三中学校（祖家街）、第四中学校（西什库）、崇实女学校（宝禅寺街）、女子职业学校（东单方巾巷）、女子第一中学校（南横街）、几辅中学（宣武门大街）、顺天中学校（地安门外）、高师附属中学校（琉璃厂）等约25所，小学大约170所。

教会有天主堂（西安门内西什库外5座）、福音堂（前门大街东单牌楼等5座）、俄国教会（东直门内）、广学会（灯市口）、公理堂（同上）、美国圣经会（同上）、美以美会（孝顺胡同）、基督教青年会（米市街）等。

寺庙方面，日本寺庙有本愿寺（东四牌楼六条胡同，电话东局159）；中国寺庙种类颇多，而著名的较少。

列举其主要寺庙，佛刹有妙应寺（阜成门外）、隆福寺（东四牌楼西北）、悯忠寺（外城菜市西南方）、天宁寺（外城西便门外）、护国寺（德胜门大街西发祥坊）等；喇嘛教寺庙有雍和宫（安定门内），俗称“喇嘛寺”；回教的寺庙有敕建清真寺（东四牌楼）、敕建法明寺（安定门内）、敕建晋寿寺（阜成门内）等；庙观有东岳庙（朝阳门外）、文庙（安定门内）、白云观（西便门外）、蟠桃宫

（又名太平宫，东便门内）等。

【舆论机构】汉字报纸有《顺天时报》（由日本人经营，社长是渡边哲信，总编辑是金崎贤，发行数是北京报界中最多的，10000份，位于化石桥，电话南局1035、1135）、《北京日报》（镇江胡同）、《国民公报》（顺治门外）、《日知报》（前门外）、《亚东新报》（琉璃厂东）、《新京报》（西河沿）、《经世报》（太仆寺街）、《北京新闻》（顺治门内）、《公论日报》（顺治门外）、《新兴中日报》（顺治门外）、《中央日报》（顺治门内）、《定一日报》（西河沿）、《北洋报》（顺治门外椿树）、《晨报》（顺治门外丞相胡同）、《京报》（三眼井胡同）、《正义报》（西草胡同）、《唯一日报》（南柳巷）、《陆海军日报》（东城）、《民福报》（南柳巷）、《民业日报》（樱桃街）、《爱国白话报》（西草胡同）、《白话京话日报》（粉坊琉璃厂）、《白话群强报》（樱桃钱街）、《白话国强报》（海北寺街）、《北京新报》（南柳东）、《实业白话报》（南柳巷）、《华文日报》（同上）、《甲寅日报》（琉璃厂）、《时言报》（南柳东）、《商业日报》（取灯胡同）等。

日文报纸有安藤万吉社长经营的《新中国》（东安门外大甜水井，电话东局1861）和总社位于天津的《京津日日新闻》的北京分局（主任野江汉，苏州胡同，电话东局

156）、《天津日报》支局（镇江胡同，东局1344）。

外文报纸有日侨经营的《华北正报》（*North China Standard*，船板胡同，电话东局2220）。其他还有英文《北京报》（*Peking Daily News*，镇江胡同）、法文《北京新闻》（*La Journal de Peking*，甘雨胡同）、《纽约希鲁报》（*New York Herald*，总布胡同）等。

杂志有由日本人经营的、社长为藤原镰兄的《周刊远东新信》（电话东局291）；有中国的《新潮》（月刊，北京大学）、《法政学报》（月刊，法政专业学校）、《北京大学学生》（周刊，北京大学）、《新生活》（周刊，后门东高房）、《新社会》（年刊，南弓匠营）、《光明》（半月刊，武进馆夹道）、《通俗医》（月刊，后公孙园）、《工读》（半月刊，翌教寺）、《国民》（月刊，北池子）、《曙光》（月刊，西河沿）、《少年》（半月刊，师范学校）、《工学》（月刊，高等师范学校）、《平民教育》（周刊，高等师范）、《数理杂志》（月刊，北京大学）、《理化杂志》（月刊，高等师范）、《清华学报》（季刊，清华学校）等。

通信方面有野满四郎氏经营的共同通信社（新开路，电话东局2250）、东方通信社（西观音寺，电话南局1121）及国际通信社北京分社（二条胡同，电话东局514）等。

第三节　工商业

【商业概况】 现北京仅作为消费地而存在。如前篇《天津部分》所述，货物进入北京都需要缴纳北京市入市税（是消费地当地制定的一种厘捐，以从价的3%为例），所以运来的货物就不会再搬到其他地方了。并且此地是中国的首都，所以禹域满蒙各地的中国人在此处来来往往自不必说，各国使臣和军队都在此驻扎，这些住民的日用品乃至内外各地生产的各种奢侈品的需求及其消费量颇为巨大。而且，近来伴随着铁路运输的发展及各种工业的逐渐兴盛，商业发展空间非常巨大。

关于商业机构，日本人方面有北京工商会（会员47名）；中国方面除了有统一机构的京师商务总会（西珠市口）外，还有同业合作的颜料会馆（前门外北芦草园）、药业会馆（前门外兴隆街）、烟行会馆（彰仪门大街）、绸缎行会馆（三里河）、靛行会馆（西半壁街）、当行会馆（西柳树井）、玉行会馆（小沙土园）、金行会馆（外城草厂头条胡同）、皮行会馆（大宝极巷）、整容行公益会馆（大马神庙）等。

劝商场有东安市场（东安门外丁字街）、东河市场

（打磨厂）、西安市场（西安门外）、西河市场（西河沿）、西单市场（西单牌楼）、新丰市场（西四牌楼）、广安市场（菜市口）、地安市场（地安门外）、天桥市场（前门外天桥以西）、劝业场（前门外廊房头条）、首善第一楼（同上）、青云阁（前门外观音寺街）、集云楼（前门外煤市街）、望园（李铁拐斜街）等。

市场方面，金银宝石类有银钱市（珠宝市）、珠宝市（前门外以西）、玉器市（前门外门框胡同以及崇文门外花市四条胡同）；食品类有米市（东四牌楼以西）、肉市（西河沿东头市场内以及东四牌楼报房胡同）、鱼市（西河沿东头）、果物市（前门外瓜子店以及德胜门内以东）、蔬菜市（西河沿以及广安市场）、瓜市（迤南以及右安门）；服装类有估衣市（精忠庙东大市）、皮衣市（同上）、棉花市（东直门岔子胡同）等，都是早市；鸟兽类有雀市（花市大街、宣武门外及隆福寺三地）、马市（东四牌楼以北）、羊市（德胜门外以北大街）、猪市（东四牌楼以西）、油和葫芦市（崇文门外花市大街）；庙市有东岳庙（朝阳门外，农历每月初一、初二、十五、十六）、土地庙（广宁门内，农历每月初三）、花儿市（崇文门外，农历每月初四）、护国寺（西四牌楼，农历每月初七、初八）、隆福寺（东四牌楼，农历每月初九、初十）；其他古董市、杂货市等。

【工业概况】北京工艺官局（彰义门大街）、北京工艺商局（琉璃厂）、丹凤火柴公司（崇文门外后池）、北京电灯公司（东交民巷）、自来水公司（化石桥）等为主要的新式工业。其他的有祥聚织布厂（崇文门外面上三条）、福盛织布厂（交道路口东）、德善织布工厂（花市宝庆胡同）、骏生织布工厂（崇文门内堂子胡同）、振伦织工厂（兴隆街）、老天利珐琅工厂（东单新开路）、临记铁厂（东单牌楼）、北京铁工厂（东单三条）、度量衡制造厂（祖家街）、中华制造电器厂（东四牌楼）、一鸣玻璃公司（西长安街以北）等。北京工艺官局是工商部直营的，其中有玻璃科、羊绒毯科、皮箱科、藤工科、印书科、钻井科（以上6科完全是官办的）、画涂科、雕漆科、肥皂科、西器科、华器科、织工科、金工科、磁铁科、绣工科（以上9科是官助商办的，派遣民间工人等从事制作之类的工作）共分为15科。工匠徒弟大约有500人。北京工艺商局是中国商人经营的，设有景泰蓝科、羊绒毯科、木器科、雕刻科、铜铁科、染工科、电器科、洋胰科，化学各器科、画工科共11科，本局内附设陈列所，销售制作的产品。

【金融机构】外国银行有横滨正金银行（Yokohama Specie Bank，东交民巷，电话东局42、254、280、462、

924)、天津银行北京支店（崇文门大街，电话东局1030）、汇丰银行（Honkong and Shanghai Banking Corporation，同上）、道胜银行（Russo - Asiatic Bank，同上）、东方汇理银行（Banque de L Indo - Chine，同上）、花旗银行（International Banking Corporation，同上）、华比银行（Banque Sin - Belge，同上）、麦加利银行（Chartered Bank of India，Australia and China，同上）、中英公司（British Chinese Corporation，同上）、美国惠通银公司（National Mercantile Corporation of New - york）等。

中国银行有中国银行（西交民巷）、交通银行（西河沿）、中华汇业银行（中日合办，东交民巷户部街，电话东局 2278、459、2969、2967、2274、2574）、大东银行（中日合办，打磨厂，电话南局3437、3753）、新华储蓄银行（廊房头条胡同）、中国保商银行（打磨厂）、四川源银行（小蒋家胡同）、殖边银行（顺治门大街）、崇华殖业银行（虎坊桥）、华充银行（珠宝市）、直隶省分银行（珠宝市）、中国实业银行（西交民巷）、北京金城银行（西河沿）、北京中孚银行（施家胡同）、蔚丰商业银行（崇文门外巾帽胡同）、渔业银行（外城打磨厂）、大陆银行（西城西交民巷）等，均为新式银行。其他主要有银号约 23 家、炉房约 20 家、汇兑庄 20 家以上。

【主要店铺】 日本商铺（列举主要店铺）

商号	店主及负责人	所在地	电话
【公司、商社】			
森恪事务所	佐野恭	东交民巷	东 759
东亚烟草北京贩卖所	林贤治	苏州胡同	东 86
三菱合资公司北京办事处	市吉彻男	东单牌楼大街	东 503、2420、2930
古河商事北京办事处	佐原诚	三条胡同	东 1500
泰平公司	高木洁	新开路	东 1300
三井物产公司北京办事处	岩井光次郎	总布胡同	东 139、553、586
东亚兴业公司办事处	橘三郎	无量大人胡同	东 2818
北京满铁公所	牛岛吉郎	椿树胡同	东 1680
大仓组北京办事处	增永常雄	北池子	东 784
天津洋行北京办事处	河村武	新开路	—
中日实业公司	冈部三郎	化石桥	南 410、1950
北京通运公司	小谷清吉	东停车场内	南 39
【杂货商】			
加藤洋行	栗原诚	崇文门大街	东 113
福田羲本店	福田羲三郎	小报房胡同	东 710
奉明洋行	武本德次郎	观音寺胡同	东 58
川崎洋行	川崎半藏	麻线胡同	东 367
东亚公司	山崎璞三	东单牌楼街	东 1450
东晋洋行	小原玄静	东交民巷	东 2630
日华洋行	大田小吉	崇文门大街	东 33
工藤洋行	工藤嘉七	崇文门内象子坑	东 1930
大町洋行	大町一二	鲜鱼巷	东 2239

续表

商号	店主及负责人	所在地	电话
【杂货商】			
冈铁洋行	冈本铁男	孝顺胡同	东2473
清友洋行	清友三吉	八宝胡同	东350
成生洋行	栗原仲治	同上	东26、353、1715
白筑洋行	白筑熊市	同上	东2288
义达洋行	饭田钟三郎	同上	东1505
渡边洋行	渡边新次郎	象鼻子坑	东2861
日清洋行	菊田爱藏	崇文门大街	东84
唐岛洋行	唐岛传造	羊肉胡同	东2988
加荣洋行	加藤卓尔	同上	东1410
东华洋行	佐藤健太郎	东单牌楼大街	东355
三府洋行	烟常治郎	康家胡同	东1636
三志洋行	贵志弥三郎	打磨厂	南2744
义昌洋行	木造贞雄	前门外	南82
利贞洋行	内山忠太	西珠市口	南2636
东方洋行	藤山缝次郎	驴马市大街	南224
【土木建筑商】			
华胜公司	臼井忠三	东单牌楼栖楼	东1700
泽山工程局	泽山富吉	二条胡同	东450
新泰木厂	岩村准二	江擦胡同	东780
松本工程局	入江胜男	盗甲厂	东407
朝日组办事处	三谷贞次郎	大土地庙	东1771
奏章洋行	奏喜一郎	羊肉胡同	东635
北京工务所	荒木精三	干面胡同	东2761

续表

商号	店主及负责人	所在地	电话
【土木建筑商】			
森野洋行	森野勘造	观音寺胡同	东 1560
藤泽工程局	藤泽米吉	小院胡同	东 45
泉工程局	泉只吉	喜雀胡同	东 1930
【药商】			
信义洋行	越智吉	东单牌楼	东 138、206
信昌洋行	齐藤振一	霞公府	东 173
圆父洋行	加岛豹作	麻线胡同	东 69
谷水药房	谷水吉次郎	三条胡同	东 32
利华药房	高仓竹儿郎	顺治门大街	西 104
【洋服店、和服店】			
利华洋行	曾我纯一	宣武门大街	西 104
坂井洋服店	坂井常吉	苏州胡同	东 733
明石洋服店	明石元三郎	苏州胡同	东 890
佐野和服店	佐野直吉	西裱褙胡同	东 332
【写真及其他】			
山本写真馆	山本赞七郎	霞公府	东 66
相川写真馆	相川清水	小报房胡同	东 2230
东华写真材料部	外村大次郎	东单牌楼	东 2794
岩田写真馆	岩田秀则	前门	南 2182
电气写真馆	前川文彦	大李砂帽胡同	南 155
【古董、古玩】			
山中商会办事处	高田又四郎	麻线胡同	东 1703
林屋洋	林屋和作	孝顺胡同	东 330
三浦古董店	三浦顺吉	崇文门大街	东 1620

第三章　游览地及娱乐场

第一节　城内名胜

【紫禁城】宫城位于内城中央，筑一城郭。该城郭为正方形，砖瓦被涂成黄色，四面设置了城门。南门为正门，也称天安门，东侧是东安门，西侧是西安门，北侧是地安门（俗称后门）。只在南侧设置了外郭并开一门，由此门可直达内城的正阳门。从宫城的内部中央到南门附近还有一处城郭，即为紫禁城，里面即为宫殿所在之处，墙壁为南北短、东西长的长方形，用与宫城墙壁相同的黄瓦修葺而成，周围有 4 个大门。南方是作为正门的午门、东侧是东华门，西侧是西华门，北侧是神武门。旅客在宫城参观最为惊叹的是灿烂的黄壁黄瓦。根据由来已久的汉代五行学说，五色配五方，东青、西白、南红、北黑、中黄。君主奉天之命统治万民，处于天下的正中，所以崇尚黄色。宫殿城郭皆改为黄色，诏书使用黄纸，皇族腰缠黄带，百姓被禁止使用任何黄色物品。关于紫禁城的内部结构典籍中有所记载，午门内有太和门（现承运门），门前有座金水桥。正中的宫殿太和殿（现承运殿）是皇上出席万寿节和其他大型朝会、宴飨殿试等的处所。其北面是中和殿（现体元殿），据说祭祀时会在此处上奏祝词。中和殿的后侧是保和殿（现健极殿），每年除夕在此款待外蕃使节，其后便是乾清门。门内的乾清宫是赐宴亲王、接见大臣的场所，在乾清宫的北侧是收藏玉玺的文泰殿。据说位于其北的坤宁宫是西太后的宫殿。光绪帝以及皇后的宫殿养心殿位于琼园门外。其他的文华殿、武英殿、传心殿等大宫殿环绕其周围，屋顶上的砖瓦并排相连、美奂至极。参观者在东华门或者西华门的售票窗口交付30仙的入场费便能进入观览。

【紫禁城内的宝物陈列所】紫禁城参观者另行支付1鹰洋购买门票，便能观赏武英殿以及文华殿内陈列的宝物。武英殿在西华门内，文华殿在东华门内，与太和门（现承运门）两侧遥遥相对。前者是国宝陈列所，以周代以来的铜器为首，各朝的陶器、漆器、宝玉、黄金工艺品等均有陈列。其中，康熙乾隆时代制作的古珍重宝占了大部分。每件器物都令人叹为观止。观者就像进入宝山玉殿一样，徘徊观望，流连忘返。此等皆为清朝御品，在热河、奉天两处离宫珍藏。武英殿西侧是叫作“浴德殿”的小浴殿，纪念日和节日等可供普通人参观。该浴殿的内部是以白色炼瓦建造的纯土耳其式浴场，相传是乾隆帝为爱妾而修建的。文华殿陈列着中国各朝代有名的书画，绘有汉人与外满蒙人的劳作场景。书法虽少，却更能引起有识之士的兴趣。

【中央公园】入场费10仙，园内茶费20仙。在天安门的西侧，原为社稷坛。民国四年与先农坛一同被指定为公园，现园内设有运动场、餐馆、茶社、球房等娱乐设施，游人众多。先从入口前行经过音乐堂前面，北面有老柏郁郁葱葱，给人别有洞天的感觉，进入一处广阔的院落就到了社稷坛。坛内的房屋展现以往的森严，现在任由入园者自由攀登。附近设有牡丹园，开花时节招揽游客。坛后老柏荫翳，幽静而颇具雅趣，隔着护城河与宫城相对。将来设施完善后，于满目寂寥的北京而言，定为一处令人喜爱的公园。

【景山】宫城地安城内有座山，称景山。曾经一度被称为煤山。五座峰顶分别设置了小亭以供登临眺望。满城的风光可以尽收眼底。相传景山原是元世祖定都北京时，在筑城之前北京受到包围的危机之际，预想到燃料不足而在此积存煤炭，盖以土壤，移以树木，就成了今天的“万岁山”。谁知明朝末年李自成侵犯北京，崇祯帝痛愤自尽于此，而那座山的样子却至今依旧，苍翠巍峨。怀古思今，感慨颇深。

【雍和宫】俗称喇嘛庙。观览费50仙。是清朝世宗雍正帝（公元1723～1735年）[1] 继承大统之前的府邸。登基之后，重视西藏以及蒙古的统治，将此府邸喜舍于喇嘛，作为其道场使用，成为政治上利用宗教的策略。宫殿在安定门内、北新桥东北、柏林寺以西。第一道门是照泰门，中门称雍和门，进入内里有雍和宫、永佑殿、法轮殿等。现在稍显颓唐，但是美轮美奂的黄瓦红墙尚存可观之处，仔细观察会让人依稀感到这是一座装饰成西藏、蒙古式的佛寺，同时也能窥知亲王府的结构。现在喇嘛僧约有300人，圆顶黄衣的壮汉朝夕勤于经道，是一道极为稀有的风景。

【孔子庙】又名文庙，位于安定门内的东南成贤街，东与雍和宫、西与国子监毗邻。元朝的世祖将首都定为北京时，将旧枢密院暂时充为孔子庙。元成宗大德十年（公元1306年）新建孔子庙，即现在的国子监所在地。明成祖永乐元年（公历1403年）八月于枢密院旧址建立新庙，并将神位移祭至此，形成现在的孔子庙。境内有千年的古柏亭亭如盖，高耸入云，青翠的绿叶傲视雪霜，使人不禁

---

[1] 雍正在位时间应为公元1722～1735年。

正视自我、庄严肃穆。庙的正门称为先师朝门，其通用门也叫持教门，设置在庙的西面。该门内有元朝以来及第进士的显名碑。继续行至大成门，左右各设五个石鼓并行排列。和大成门相对的南向大厅堂即大成殿，其前门中庭郁郁苍苍的老柏，系元朝国子监祭酒许衡亲手所植，据说已经经历了六百多年的风霜。大成殿和大成门相连出来的东西两厢中奉祀着历代先贤，庭院内老柏之间有清朝历代帝王修葺的许多碑亭。大成殿于民国三年重修涂饰，结构极为壮丽。殿内有朴素的三个大香炉备在祭案上，正面祀奉至圣先师孔子的神位，左右是“四圣”（颜子、思子、曾子、孟子）“十哲”（闵子、冉子、端本子、仲子、有子、冉子求、冉子雍、言子、卜子、颛孙子）的神位配祠。楣间是康熙帝之后的清朝历代皇帝敕献的匾额。再到大成门，门内左右各配备十二戟作为威仪的象征。与之相并而立的为周代的遗物——真正的石鼓，左右各配五个（门外石鼓是该石鼓的仿制品），石鼓原本是其石质与鼓形状颇为相似而得名。周宣王（公元前827～前780年）❶ 率领群臣去岐阳狩猎时，为表彰骑射优秀者而流传至今的奖赏，为距今约2800年前的古物。之后好几次转至别处，而且多年风吹雨蚀，现在的文字仅剩300有余，但却是窥探

---

❶ 应为（？—前783年）。

周代古文笔致的天下仅存的资料（每一扇门、每一间殿都要支付门票才允许参观，所以要事先准备铜钱，每个门大约支付四五枚）。

【国子监】（门票的收取同前例一样）国子监位于孔子庙的西侧。是中国以前的大学，元、明以来数百年间的最高学府，会聚天下才俊之处。最近随着新学勃兴，另外创立了国立大学，现在只作为历史博物馆存留下来。最初在外廓有“集贤”“大学”两个门。门内有大学堂“彝伦堂”，堂的正面有刻有“大学”二字的石标，据说是康熙帝的御笔。其他堂内外有很多历代皇帝震笔的匾额、碑碣等，庭院内设有石制的日晷。东西两庙是率性、诚心、崇志、修道、正义、广业六座堂，在堂内根据汉代石经制作的乾隆皇帝敕建的“十三经”的立碑。虽然四周时光荏苒、无限寂寥，但亦能唤起文人骚客对历史的慨叹。石经是把“十三经”正传刻于经石碑上的。“十三经”由“三经”（《周易》《尚书》《毛诗》）、“三礼”（《周礼》《仪礼》《礼记》）、“三传”（《春秋左氏传》《公羊传》《穀梁传》）以及《论语》《尔雅》《孝经》《孟子》构成，后世对“十三经”的文字有异议时就以石经上的文字为准，这是中国人的通识。

【鼓楼】位于宫城后门（地安门）的正北部，由元世祖（忽必烈）所建，当时被称为“齐政楹”。明代（公元1420年）大修，清朝逐步修理。镇址长约168尺，宽约112尺，楼高约100尺，即比城墙高60尺余，用砖瓦、巨石以及大木材等建造的巨大建筑。楼下开有门扉，登上69级石阶就能将宫城内外尽收眼中。楼里最初备有4个铜制的刻漏壶来计时。其制作十分精妙，作为古代时针仪的一种，其本应被珍藏，却在明朝末年的火灾中烧失殆尽。鼓楼原本备有24只鼓来表示一年24个节气，一个节气制作一个鼓，义和团运动的时候也多被破坏。而现今是备有直径约6尺的大鼓一个，约3尺5寸的小钹两个，每夜8时及正子的时刻打上108声，供市区巡夜的警官参照。原来这鼓楼、钟楼两栋楼是直属于清朝历代宫内官厅的銮仪卫，用于国家遭遇危难时紧急通告城外的设施。现设为平时城内夜间巡逻的司令塔，其规模宏大，至今还是城中一大景观。

【钟楼】位于鼓楼北侧约百步之遥，与鼓楼相对而立。据说此处也是由元世祖创建的，但此说无从考证。其后至明朝永乐十八年（公元1420年），即迁都北京的前一年，效仿元朝旧制重建的钟楼也被火灾化为灰烬。现存的都是清朝乾隆十二年修筑的，楼上的巨钟是明代的遗物，刻有“永乐年月吉日制”的铭文。建筑规模与上述的鼓楼相比稍小，石阶80级，楼上环绕的石墙颇具雅致。

【观象台】位于内城东南角的北侧。比城墙高十尺余，元朝至元十六年（公元1279年）建设的，台上有元朝钦天监郭守敬制作的浑天仪、铜球、量天尺等诸器，之后随着岁月流逝，并未物尽其用。清朝康熙十二年（公元1672年）制作了新的天体仪、赤道仪、黄道仪、地平经仪、地平纬仪、纪限仪等仪器代替旧仪，之后更是增制了地平经纬仪和格辰仪，对天文、历数的研究颇有帮助。然而光绪二十六年太平天国运动，观象台被法国军队占领，所有的器具都被运到法国，而后法兰西国民以“学问无敌国”的公义心将这些仪器送还了回来，清朝政府将荒废的旧址进行了修缮，将台上测天仪器恢复原状，每星期六开放供众人观览。

【天坛】位于外城永定门内东侧，与正阳门大街相隔，与先农坛相对。明朝永乐十八年（公元1420年）创建，是天子亲自奉祀皇天大帝的祭坛，周围约3里的城墙围绕，城郭内建筑了屏障，设置了斋宫、圜丘、皇乾殿、祈年殿等。无人不为其宏伟的规模而吃惊。

斋宫有左右二门，内外双重高墙环绕，外墙约1240尺，环以深深的壕沟，沿着墙有1630尺的回廊。内墙纵横约98尺，内外两墙中间是位于皇帝斋宫的近卫兵屯所。

中墙的中央东面的殿堂即为斋宫，正殿上设有玉座。阶前的左方有斋戒铜人、石亭，右方设有石牌及石亭各一个。皇帝在此更换祭服。

圜丘是天坛的主体，其形状仿照天空呈圆形，所以得以此称。坛上使用了统一的白色大理石，以上、中、下三层叠加而上，各层的周围及四方阶梯的两侧均附有勾栏。下层直径 120 尺，高 5 尺；中层直径 150 尺，高 5 尺；上层直径 90 尺，高 5 尺 5 寸，上层的中央为皇穹宇。皇穹宇为圆塔形状的木造建筑，是每年冬至日出之前，皇帝亲自三拜九叩进行亲祭之处。

皇乾宫位于天坛北门之外。覆盖着琉璃色瓦片，殿侧有 47 间长廊。正殿供奉着皇天大帝、历代皇帝的神位及天地、风雷等诸神位，天坛亲祭之际有时会将神位奉迁至皇穹宇。殿侧的长廊是收纳祥时雨雪之际的俎豆以及祭器之处，据说是因为祀奉诸神牌位才不允许外人参观。

祈年殿即位于皇乾殿正面几步之处的高耸殿堂。三级台阶上建成的高大壮观的大殿是历代皇帝祈祷五谷丰登之地。与天坛一样，祭神为皇天大帝并配祀历代皇帝的牌位。天坛境内树木草坪之间生有称作“龙须菜”的植物。其状似蔷薇，夏时生长甚多。风味鲜美，俗称“天坛菜”，据说文人雅客争相品尝。此外，天坛的井水甚为甘冽，丝毫没有咸味。参观者按照上述说明顺序参观较为方便，另外还要携带经公使馆向外交部申请的入场券。

与天坛西侧大道相隔的是先农坛。四围的围墙与天坛相同，其廓内除先农坛外，有天神、地祇、太岁各坛。先农坛为方形，南向建造，其东南有“观耕台”，前面是耕地。天神、地祇二坛是围绕先农坛围墙东西向建造的，太岁坛在其东北方。民国四年被指定为公园用地，目前忙于设施建设。此外还有朝阳门外面的日坛、阜成门外的月坛、安定门外的地坛，同天坛、先农坛两坛并称“北京五坛”。

【其他诸胜】除以上名胜外，还有隆福寺（东四牌楼西北）、精忠庙（位于前门外天桥东，奉祀宋代岳飞塑像）、石头牌楼（东单牌楼北，是义和团运动时被杀害的德国公使克林德的纪念碑）、积水潭（位于德胜门内，景趣最佳）、浮业寺（德胜门内积水潭南岸）、护国寺（德胜门内发祥坊）、陶然亭（右安门内东北）、火神庙（琉璃厂东门内）、卧佛寺（崇文门外花儿市，明代建了卧像）、法源寺（外城宣武门外烂面胡同，为唐代建的古刹）、法塔寺（崇文门外，金朝建造的巨型古刹）等。

第二节　城外名胜

【东岳庙】东岳庙位于朝阳门外。相传为南宋建造，元代重修。东岳是中国五岳（泰山、华山、衡山、恒山、嵩山）之一的山东省泰山。直隶和山东的各个府县均建立此庙并供奉。庙前的大牌楼颇为精巧，庙内庙宇的内部结构极尽美善。庙内七十二司的塑像出自名匠刘兰、刘銮，手法精妙至极。东厢下的道教碑由宋代的书法家赵孟頫（子昂）所书。庙的左右两边有许多殿阁。其中菩萨殿内的纸幅菩萨画像，相传是唐代的吴道子所画。庙会在每年农历三月十五之后举行两周，为此而来的人很多。

【白云观】出了顺治门，沿着城墙往西走，出西便门再往西走数町，就到了白云观。白云观位于元朝太极宫的故址，为道教总部。殿堂恢宏雄伟，假山花卉之类的景致众多。不少的内外缙绅都会驱着马车前来雅游，的确成为近京的名胜地。白云观的真寂堂里供奉道教鼻祖邱真人的塑像两尊。大的那尊双眼用漆点画，栩栩如生。塑像前是由木瘿刳造而成的木钵。木钵上宽下窄，足可装五斗水。内部涂了黄金，外部镌刻御诗。每年农历正月初一到正月十九开庙，被命名为“宴邱会”。许多男女到此游玩，沿街而立的琉璃厂附近，小铺聚集，热闹非凡。

【黄寺及黑寺】黄寺位于安定门外大街西北，是喇嘛的驻锡道场，整个寺庙被分为东西二寺。东黄寺旧称“普静禅林”，位于东侧区域；西黄寺西邻东黄寺。其堂宇均用黄色的琉璃色覆盖，因此得名。清世祖（顺治皇帝）以来，便于对西域实行怀柔政策而设立。寺内规模较大，老柏葱郁。东黄寺内有康熙皇帝亲题的碑记和雍正皇帝的重修碑。西黄寺内还有乾隆皇帝为了歌颂班禅额尔德尼的功德而下令建造的大理石白塔。

黑寺位于距离德胜门外约 1 里的地方，民间俗称“慈度寺”。殿宇覆盖碧绿色的琉璃瓦，每年农历正月二十三举行跳布札的活动，俗称“演鬼”。寺庙一侧的演兵场在当天开展赛车、赛马的表演。

【农业试验场和动植物园】门票成人 16 仙，儿童半价。每天早 7 时至下午 6 时营业。位于西直门以外西侧约 1 里的地方，俗称万牲园，是三贝子花园（又称乐善园）的旧址。园内的东部，即所谓的“万牲园”，网罗了所有的珍禽异兽。西部是温室，内内外外培育各类花草。此外，园内分区排列种植各类植物。场内的建筑既有清代行宫的设施，也有洋式的高厦楼房，还有日式凉亭。此外，茶店有豳风堂、观稼轩、卍字楼等。其余各类的饮食店等设施也一应俱全，是游目骋怀的北京首屈一指的步行圣地。

【其他诸胜】除上述名胜以外，虽说还有日坛（朝阳门外）、月坛（阜成门外）、倒影寺（位于阜成门外，即慈慧寺，为明代太监所建）、天宁寺（位于广安门外，隋朝建造，寺内有著名的十三层塔)、南苑（永定门外约7里，是明代为了春蒐冬狩而设立的场所)、铁塔寺（东直门外)、地坛（安定门外)、大钟寺（德胜门外，也被称为觉生寺)、五塔寺（西直门外，也可称为正觉寺)、万寿寺（西直门外，明代创建）等值得观览，但大多数殿宇寺庙已经荒废。

第三节　近郊名胜

【万寿山】万寿山又名颐和园，原本是皇家御花园，平民百姓不得入园观赏。民国三年五月之后，和玉泉山一起开始向公众开放，供公众游览。游览券成人需要大洋1鹰洋20仙，儿童半价，军人及军属需大洋60仙。除此之外，园内的蟠云殿（大洋50仙)、南湖（大洋30仙)、谐趣园（大洋20仙)、玉泉山（大洋50仙）需要参观费。向导或拿便当的又需每人支付20仙（可以在仁寿殿前雇用)。

沿途：从北京到颐和园，道路平坦，大约为11英里。此间车马、汽车的运行都十分便利。从北京的汽车单程票价为6鹰洋，车程需要2小时。上车之后，出西直门向右转，便是田园风光，令人心旷神怡。快步疾行约1小时，就到了蓝靛厂。此地约有 300 户，是富裕的小街市，便于到万寿山及玉泉山游览的人们休息，出售中国饭菜。经过蓝靛厂，远远可以看见红墙蜿蜒曲折，这就是著名的圆明园遗址，而今是禁卫军的营房。距离此地数十步的地方，崇墙峻宇、耸入云霄、辉煌掩映的便是万寿山。

万寿山是乾隆以来的行宫，在英法联军入侵之际遭受重大损伤，其惨状让人不禁痛惜。之后，西太后垂帘听政之时，进行了大肆修葺，疏通池塘，清水可以流通；凿开山腹，让小路贯穿其中；兴建楼阁设立亭台，移植石木、种植花草等。在此苦心经营之下，才得以让山上美轮美奂的阁楼殿堂中的雕栏画廊高低错落，有的依靠山丘，有的横跨溪流，呈现出从水中倒影中可见楼阁的宏伟之观。改修工程是为了修复以前的壮观，然而结构却达到了超越前朝的地步，被命名为颐和园。首先到达宫门内，可以看到照壁前有一座牌楼。两侧有两只铜狮，极尽雄伟。购买参观券，进入北旁门，园内有人进行讲解。如果游客不懂中文或英文，则需要翻译。门内数十步之后再经过一个门，就到了仁寿殿。仁寿殿是西太后垂帘听政之处，雕梁画栋，极为壮丽。殿前有铜龙、铜凤各一对。经过仁寿殿向南走，便到了昆明湖。湖中荡漾十里清波，是乾隆帝命名之所。湖的东岸为玉栏堂，是清朝德宗的寝殿。湖的北岸是乐寿堂，是西太后驻驿的地方，匾额题有“丹楼映日”的名句。台阶下是白玉的日晷和铜鹤、铜鹿等。从此地经过金鱼池，便到了养云轩。门前长廊内镌刻着乾隆帝的御书。经过乐寿堂的西侧长廊，就到了大理石制造的石舫。石舫有280余楹，西太后来园时，每一楹皆悬挂提灯，廊中匾额甚多。向西走就到了中云殿，门宇焕然，阶上放置12种奇石。附近有蟠云殿和十丈亭。再往西去便是清晏舫。清晏舫即为湖中心的石舫，用大理石打造成船的形状。舫中有楼，在楼上凭栏远望可以眺望园中全景。离开石舫向北行，是西太后练字的延清堂楼。北边可以看到一座楼，名曰宿云斋。由此处经由山路向东，可见山坡上有亭台、殿宇、石坊，名曰画中游石坊，有乾隆帝亲笔题写的匾额。石坊的西方可以望见玉泉山，南侧可以俯瞰昆明湖，北边可以展望山麓，东临都城。沿着山路向山顶行进，前方便是佛香阁，后方则是智慧海、万佛殿，周遭均摆放琉璃制成的佛像。向东下山，就到了琉璃塔。塔上有古色古香的铜钟。谐趣园在琉璃塔的东侧，是西太后茶余饭后消遣游玩的地方。园中有山有水，有曲廊幽亭，适合湖边垂钓或者倾听波涛之声。此处与涧流峡谷相连通，溪流曲折蜿蜒进入莲花池，风致优雅，难以名状。从谐趣园起再经过一座楼，可看到门额上题写“赤城霞起”四个大字。再向南行，为德和园，其斜前方，与仁寿殿的北侧相对的有一个戏台。规模极为壮观，建筑技艺格外杰出。戏台的正前方写着“颐和园”，店内也有许多匾额。出了德和园，经过仁寿殿，再走过十七孔桥，就可以看到龙王庙和铜牛，或许可到南海试游，有无尽的幽趣。

【玉泉山】参观费为大洋50仙。玉泉山位于万寿山的西侧约1里半，山顶高塔耸立，山腰树木郁郁森森。此乃玉泉山的静明园。此处是金朝行宫芙蓉殿的遗迹，而后历经元明两朝，于清朝康熙年间再次设立行宫，最初名为澄心园，之后又改名为静明园。进入大门后向右转，正面是勤政殿，是听政场所。穿梭于柏树之间，脚踏青苔，沿着幽静的石路前行，便到了裂帛湖畔。向左远望是玉峰塔，再向右边仰望，便是龙王庙。顺着石阶向下走，可见清泉从岩缝中喷涌而出，岸头镌刻“天下第一泉”五个字。水流清冽可掬，向东流入万寿山的昆明湖中，再向北由什刹海注入宫城的太液池中，经过通州，进入白河成为运河。向南是观音洞、清以禅窟和吕祖庙。庙的西北方可以望见西山一带连绵不绝的山峦。南面又将京城外郊野的风光尽收眼底，眼前是一窥昆明湖美景的绝佳场地。庙后是吕公洞，洞上立着“藏海”之称的七层石塔，佛像的雕刻极尽精巧。顶上是七层的砖塔，称为“玉峰塔影”。其北侧是丽瞩轩和妙高塔等。由万寿山到此处的驴马往返价格约为20仙。

【西山之胜】北京西郊一带，连峦叠嶂、蜿蜒曲折之处统称为西山。与之前记述的万寿山、玉泉山一同成为北京近郊的名胜景区，山中寺观值得观览之处数不胜数，是避暑游览的胜地。

路线：乘坐由京绥铁路西直门车站到京门支线的列车（每天3趟），到黄村（为夏季游客临时开设的站点）或三家站（一等座价格为1鹰洋20仙，二等座为80仙）下车即可。

八大寺：黄村站的西北方1英里左右是平坡山，与觉山卢师山的侧背相对峙，冲破翠峦云翳之处，点缀其间的山门寺塔共有8座，分别为长安、证果、灵光、香界、三山、大悲、龙泉等各寺，加上宝珠洞，统称为八大寺。这些寺院大多是明代建造，康熙年间重修。宝珠洞位于最高点，长安寺位于最低处。八大寺均依仗形形色色的山势，成为风景胜地。据说十分适宜都城人士一日清游，有很多人经营面向外国游客的避暑山庄。

香山位于黄村站向北约8英里的地方。山中的静宜园是最具风致的地方，享有盛名的瑛珞岩（钟乳石之类）时常呈现云雾缭绕的奇观。山的西侧是金朝的古刹甘露寺。甘露寺位于树木错综的幽境之中，殿堂楼阁在树间若隐若现，雅趣纷呈。

碧云寺位于香山的东麓。寺域是元朝开创的，明朝的正德、天启年间（公元 1506 ~ 1627 年）再次重修。规模宏大，殿宇虽渐呈颓废之色，但精美绝伦的建筑结构足以让人怀念当年的华美。寺中罗汉堂内有五百罗汉的雕像，体容、手法都值得玩味。正堂的后方是大理石建造的五座金刚宝塔。宝塔模仿乾隆十三年（公元 1748 年）西藏喇嘛由印度须弥山带来的模型建造而成，看上去高台都是由巨型大理石建成的，它的四侧是各种花纹、天部人像、狮子头等巧夺天工的雕饰，背面的大龛内安放黑玉佛像之类的宝物，极尽秀丽庄严。正面的下部中央是穹状的入口。由此拾级而上，便到了五座宝塔的下方。上面悬挂着乾隆帝亲笔所题的“现舍利光”的篆额。台上的视野极为开阔，玉泉山、昆明湖和香山的绝美风光一览无余。

【汤山温泉】汤山温泉位于距北京安定门北侧约 15 英里之处，位于昌平州管辖范围内，北京与十三陵之间。在茫茫的平原中有两座山，一座称为大汤山，另一座称为小汤山。大汤山高约 200 尺，占地方圆约 2 英里，山顶和山腰有观音堂、娘娘庙、普泉庙、西大欢庙等庙宇点缀其间，有约 200 户人家的小村庄。小汤山高度仅为 30 多尺，占地方圆半里，山顶有佛爷庙，北麓有老爷庙，东南有关帝庙，东侧有龙王庙等，是一个合计有100户人家的村庄。汤山实际上是这两个村庄的合称。此处到处温泉涌出，当地人引泉水、设浴槽，经营旅店，来此沐浴温泉的游客众多。中国人大多进入当地人经营的客栈，外国人通常在关帝庙滞留，被默许使用小汤山行宫内的温泉。四周稻田围绕，夏秋季节亦可体会嘉禾秋穰的雅趣。

小汤山温泉由清世宗雍正帝创设，行宫内有如下设施。悬着“漱琼”匾额的是浴室，题着“澡雪心神”的是浴后休息室。飞凤亭是八角形的亭榭，它的顶部有飞凤装饰物，由于亭台的荒废，现在被收纳在仓库内。开襟楼是供观赏戏曲的地方，惠泽阁是祭祀龙王的场地。温泉井都由大理石筑成，设有两个大浴池，分列行宫广庭的左右两侧。左侧浴池大约是64尺的长方八角形，深约30尺，温度适宜沐浴，也可游泳。右侧浴池约有方圆150尺大小，深约30尺，温度略高，不适合沐浴。外国人等到上述的大浴池旁边的小浴池入浴，有自由调节水温的设备。

【明十三陵】路线：由北京西直门车站上车经京绥铁路到达。北行穿越茫茫平野，由西山一带的苍峦西向北行进，可以看到杨柳桧槐、水村里路点缀其间。沙河镇向北地势渐渐倾斜，由此向北约7英里即可远望见汤山，稍稍行进，右侧看到昌平州城后不一会儿便到了距西直门25.3英里远的南口车站。南口是居庸关南部要塞。前往明十三陵、汤山温泉、内长城的观光客均在此处下车，十分便利（西直门到南口的交通费为一等座1鹰洋80仙，二等座1鹰洋20仙）。从南口到十三陵沿着山路直行约8英里，经过昌平州约11英里，往返大约需要7个小时。此间的车马（1鹰洋~1鹰洋50仙）、轿子（4~5鹰洋）等租赁都很便利，即便路况不佳，当天傍晚亦可从南口返回。均可在南口旅店（住宿费5鹰洋，午餐1鹰洋左右）或站前租赁。所谓陵域是指明朝第3代皇帝永乐帝之后到最后一位皇帝崇祯帝的13座皇山陵，位于昌平县城北部约5英里。到达陵域之后，首先看到的是雕刻十分精巧的大理石大牌楼。穿过牌楼，再向前行进大约十町便到了大红门。门外两则均有石碑，刻有“官员人等至此下马”的字样。再向里走大约5英里的地方，是题写“大明长陵神功圣德碑”的碑亭。这是第4代皇帝仁宗亲自制成的，碑的表面刻有清代乾隆皇帝亲题的袁明陵十三韵的诗文。继续往前便是棂星门，俗称龙凤门，门前立着12尊石人。石人分别为四勋臣、四文臣、四武臣。另外还有二十四座石兽，马、麒麟、象、囊驼、獬豸、狮子等各两对，一对站立，一对下跪。《昌平山水记》[1] 记载“宣德十年（公元 1435 年）四月辛酉，修长陵、献陵，始置石人、石马等于御道东西”，还记载“大红门以内，苍松翠柏无虑数十万株”。想必当时石人和石兽在茂密的林荫间长眠于地上，然而现在株去根拔，附近一棵树都没有，置身于空荡荡的草野之间，遭受日晒雨淋。从这附近往前便可望见以天山一带的山脉为背景、在松林间若隐若现的各陵黄瓦朱壁的门楼错落有致。路上到处散落大理石桥的石材，可以想象曾经松柏茂盛的陵道是多么森严。一直走到长陵的陵门，抬头可见建筑的雄伟，门内东侧有五间神厨，西侧有五间神库。再向前又是一座门，门上题写“稜恩门”。东西两侧有神帛炉各一盏。接下来便是稜恩殿，用中国北方罕见的巨型材料建成，建筑十分壮观，殿侧用白石栏围绕，是长陵中最为壮观之处。殿后有白石房、白石台等。继续前行便到了宝城，此乃御陵，城下为隧道。登上宝城，道路分为东西两条，可到达城上。城上有一座题着“长陵”的楼，内刻一尺大小的隶书石碑，写着“大明成祖文皇帝之陵”。其他的各个陵墓都散落在长陵的四周，构造大多大同小异，左侧刻有陵墓的名称，仅仅记载位置所在。

各陵墓的位置：前文所叙述永乐帝的长陵为十三陵的

[1] 顾炎武著，1644～1911 年出版的刻本。

滥觞，其位置位于全陵域的正面中央。四世仁宗（洪熙）皇帝的献陵位于长陵的西北约 5 町之处。五世皇帝宣宗（宣德）的景陵位于长陵的东北约 7 町的位置。六世皇帝英宗（正统）的裕陵在献陵以西约 1 里。九世皇帝宪宗（成化）的茂陵在裕陵以西约 5 町之处。十世皇帝孝宗（弘治）的泰陵在茂陵的西北约 10 町之处。十一世皇帝武宗（正德）的康陵在泰陵西南约 10 町之处。十二世皇帝世宗（嘉靖）的永陵在长陵的东南约 5 町之处。十三世皇帝穆宗（隆庆）的昭陵在长陵的西南 5 町之处。十四世皇帝神宗（万历）的定陵在昭陵以北约 5 町之处。十五世皇帝光宗（泰昌）的庆陵在献陵西北约 7 町之处。十六世皇帝僖宗（天启）的德陵在定陵东北约 5 町之处。十七世皇帝思宗（崇祯）的思陵在昭陵以西。

【万里长城】长城起于山海关的老龙头，与临榆县的东壁相连，掠过角山的山岭，于乱峰的背脊上蜿蜒曲折，串联三道关、九门口，向北延伸，贯穿直隶、山西两省，延展至陕西和内蒙古境内，止于甘肃的嘉峪关。横跨东经 121 度至东经 97 度，是中国历史上最为著名的文物，是世界罕见的大型建筑物。它的起源是两千余年前秦始皇为了抵御北方匈奴来袭，令将军蒙恬建立而成。如今经历风侵雨蚀，很难保持原先的样貌，反而像是诉说几多历史的变迁，使漫漫行客怀念当年的雄姿。从南口（参照前项）租轿子或驴马出关，北方山岳重叠之中有一条溪流深谷。溯流而上，道路渐渐变得有坡度，附近的山姿是中国少有的景趣。从南口向北行进约 5 英里，山势渐渐陡峭。居庸关位于两侧山屏之间的峡谷上。奇岩峭立，断崖千丈，鬼斧神工，妙不可言。城壁就沿着悬崖绝壁而建，利用了天险，建造技艺令人惊叹，真可谓“绝险”。关门之内有百余户人家。居庸关是通往张家口的要路，车马络绎不绝。称为“关城”的圆形堡垒紧临山脚，建立在仅有一条溪流通过的最狭窄的地点上，羽翼延展到左右的山顶。关城的中央是过街塔。过街塔紧邻南北的大路，用石头堆叠架在大路上，车马在塔下经过。塔高约 30 尺，厚 56 尺，俗称“塔坐儿”。塔的内部两侧是四天王、千佛体等佛像及镌刻汉、梵、西藏、女真、同纥、蒙古六国语言的佛经。这是元朝雕刻的，在学术上颇有研究价值。距离居庸关大约 3 英里的地方有一座小城，称为“上关”，也有“居庸关”三个字的题字。俗称居庸关的“三关”是指南口、居庸、上关。继续前行大约 2 英里半是弹琴峡。山势险峻，形成一个小峡谷，清泉在岩缝间流淌发出弹琴般的声响，由此得名。现在被砂石填满，再无声响，只是虚有此名。京绥铁路在险峰的中腹部穿行，旅客可以在车窗的北侧看到它。八达岭的东南面紧挨着界外的地方是青龙桥车站（从南口至此10.9英里远，交通费一等座90仙，二等座69仙）。山峡的风光别有一番趣味。特别是前往长城的游客可以在此车站下车。前往前面所说的居庸关、弹琴峡等游览的游客，与其从南口车站一路攀登而上，不如在此处下车前往相对容易。青龙桥车站向西约1英里，距弹琴峡约3英里便到了八达岭。城墙在山中蜿蜒盘旋，只比北京城墙差了一些（高为2丈，上墙宽2间）。城门高耸，上面题有“北门锁钥”。这个建筑的雄大实在是值得惊叹。从八达岭远望长城，西方的重峦叠嶂绵延没入云际，东方险峻的山势陡峭直下，落入深谷，更加倾斜的山腹呈直线延展至山顶，蜿蜒的溪流在山间隐现，绵绵不绝之势极为壮观。

以上长城各个景点和前面所述的十三陵的观光行程为第1天需乘车1个多小时从西直门到南口，当天参拜十三陵，在南口住宿1晚；第2天游览居庸关和八达岭，再次回南口住宿；第3天返回北京。如果第2天想回北京，可以在第2天早晨乘坐从南口发车的货车（花费二等座的交通费）到青龙桥，只参观八达岭，当天中午11点02分乘坐火车从青龙桥回北京（租赁驴子1天需1鹰洋，轿子1天需5鹰洋）。

【西陵】路程：从北京到西陵可以从前门车站乘车，经由京汉铁路，至高碑店车站换乘西陵支线列车，在标端驿梁各庄车站下车（从北京大约需要5小时，一等座4鹰洋50仙，二等座3鹰洋）。由此，可以骑驴（1小时费用为20仙）或者坐轿子（1小时1鹰洋）前行观赏优美风光。

西陵：西陵原本是前清世宗的陵寝所在。公元1730年雍正帝任命怡亲王和两江总督高其倬在京师的西南山中寻找万年的风水宝地。两人奉钦命到这里进行勘察，将易州西部30华里的太平峪呈书上报。雍正帝采用了两人的建议，同年8月在此地开始修建陵墓。之后，高宗（乾隆帝）即位之后，将此地定为后代的陵地。乾隆帝曾发谕旨曰："朕绍登大宝，本欲泰陵附近地方相建万年吉地，因思皇考陵寝在西，朕万年吉地设义近皇考，万万年后，我子孙亦思近依祖父，俱选吉京西，则与东路孝陵、景陵日远日疏，不足以展孝思而申爱慕。是以朕万年吉地建在东陵界内之圣水峪，若嗣皇帝及孙曾辈，因朕吉地在东择建，则又与泰陵疏隔，亦非似续相继之义。嗣皇帝万年吉地自应于西陵界内卜择，著明该衙门即遵照此旨，在泰陵附近地方敬谨选建。至朕孙缵承统绪时，其吉地又当建在东陵界内。我朝景运庞鸿，庆延瓜瓞，承承继继，各依昭穆次序，选分东西，一脉相联，不致递推递远。”[1] 西陵位于易州的西部约10英里，距离梁各庄车站约8英里，位于山清水秀的胜地太平峪（又名“永明山”）。清代的东西二陵分为四个区域，世宗（雍正帝）的泰陵、仁宗（嘉陵帝）的昌陵、宜宗（道光帝）的慕陵和德宗（光绪帝）的崇陵。其他雍正帝皇妃的泰东陵、仁宗皇后的昌西陵、宜宗皇后的慕东陵也在此处。还有其他妃嫔的坟茔，其数颇多。陵域以山为襟，以野为带，森林苍翠，石径幽深，溪流潺潺，让人仿佛置身仙境。附近还有尚未完善的旅店和中国客栈，住宿便利。住宿费含餐费为每人1鹰洋50仙。

第四节　娱乐场

【俱乐部】日本人经营的游乐场所有大和俱乐部（东单牌楼三条胡同，电话东局87）、东城俱乐部（崇文门八宝胡同，电话2935）、体育会，现在又有棒球部、庭球部。北京妇人会，现任会长小幡瑞枝，会员50余名。除北京的西绅公会、北京俱乐部（Peking Club，东交民巷）、中法协会

[1] 意思是说乾隆帝选取西陵后，恐怕后世会荒废位于东陵的孝陵、景陵等先皇的陵墓，有失对先祖的敬慕之情。因此特意选取东陵作为自己的陵寝，并且下令子孙隔代依次将陵寝置于西陵或者东陵，不再另选他址。

(Cercle Sino－Francais，同上）之外，还有中国人经营的城南游览场（新世界以南)、报界同志会（东北园)、律师公会（香炉营头条)、满族同进会（东四牌楼三条胡同）等。

【图书馆】 日本居留民会（东单牌楼三条胡同，电话东局158）经营图书馆（同上)。中国人经营的有京师图书馆（安定门内方家胡同)、京师图书馆分馆（宣武门外西茶食胡同)、第一通俗图书馆（西安门内第一学区)、第二通俗图书馆（正阳门外五道庙街)、第三通俗图书馆（东安门外丁字街)、第四通俗图书馆（西单牌楼南路西）等。

【博物馆及商品陈列所】 博物馆有武英殿内和女华殿内宝物陈列所（参照第一节)、交通博物馆（李阁老胡同)、历史博物图书馆（国子监内)。商品陈列所有工商业改进会陈列所（琉璃厂)、商品陈列所（彰仪门大街）等。

【剧场】 在中国的大城市，官员和商人有边喝酒吃饭边商议正事的习惯。在商谈结束后一起去剧院也很司空见惯。剧院的繁盛超乎想象。北京是中国戏曲最为繁盛之地，名伶聚集。剧场主要有第一舞台（西柳树井大街，设备最为完备，入场费为35～90仙)、文明茶园（西珠市口)、广德楼（大栅栏)、中和茶园（正阳门外粮市店)、广和楼（正阳门外肉市内)、庆乐园（大栅栏)、三庆园（同上)、天乐园（前门外鲜鱼口)、吉祥园（东安市场)、丹桂园（同上）等。

【书馆】 书馆是艺伎不用打扮进行歌舞表演的地方。以四海升平楼（石头胡同）为首，其余的大多在天桥一带。

【妓院】 虽然缺乏天然的风雅显得荒寥单调，但北京是四百余州的首都，是英雄、雅士、政治家、富商聚集的地方，燕赵佳人又很著名，所以妓院的繁荣也是理所当然的。妓院分为清吟小班（一等）、茶室（二等）、下处（三等）以及小下处（四等）四个等级。前者主要分布于八大胡同（石头胡同、陕西巷、百顺胡同、韩家潭等）一带。后两者位于香厂、前营、后营、黄花苑等地，游客常常往来如织。

【电影】 有平安电影（东长安街）、大观楼电影公司（大栅栏）、三庆园升平电影（同上）、庆乐园华安电影（同上）、新世界（西珠市口南、香厂）等。观影费贵的1鹰洋，便宜的20仙左右。这些常设馆的幕后经营肯定有欧美人。电影绝大多数是美国制造，其次是英法制造。放映的影片主要是长篇的冒险侦探片、喜剧片、时事照片等，此外还掺杂体现欧美先进的科学工业、产业状况等影片，在潜移默化中宣扬各自国家的富强。

《天津北京指南》终

天津北京案內廣告一覽表

（登載順）

營業課目	商號	營業課目	商號	營業課目	商號
時計寫眞器	樫村洋行	海運	大連汽船會社	銀行	横濱正金銀行
家屋・電燈	東京建物會社	同	大阪商船會社	貿易	古河公司
取引所	天津取引所	同	日本郵船會社	同	增田洋行
貿易	大倉洋行	活動寫眞	天津電影公司	同	乾卯支店
銀行	朝鮮銀行	貿易製造	三井洋行	同	三輪公司
同	天津銀行	燐寸	中華燐寸會社	同	信和洋行
賣藥	仁丹公司	貿易	隆和公司	化粧品	野口商行
信託事業	利中公司	鷄	鷄卵同業組合	洋紙・名片	福信洋行
同	東洋拓殖會社	貿易	住友洋行	貿易	天平洋行
貴金屬	西原金店	石材	天津華石公司	同	天和洋行
同	武田兄弟洋行	貿易	三菱公司	同	中野洋行

广告一览表。

貿易	金山洋行	新聞	天津經濟新報社	呉服	平林號呉服店
同	三昌洋行	同	天津日報	同	長岡號
同	天久洋行	同	京津日日新聞社	疊製造	備後屋疊店
電氣	義昌洋行	同	新中国	通關、運送	通裕洋行
信託興業	同益社	同	山東公論	同	中日公司
書籍雜貨	雙龍洋行	電報通信	日本電報通信社	同	結城洋行
文房具	平野洋行	印刷	日華公論印刷部	醬油味噌	大連醬油會社
時計樂器	副華洋行	洋服	鵜野洋服店	食料雜貨	福々商會
時計貴金屬	須藤洋行	菓子	瑞豐洋行	同	玉井洋行
自動車	藤井洋行	同	村上日月堂	同	川勝洋行
機械	澁谷商會	呉服	松屋	寫眞	福壽寫眞館
食料品	益城屋	茶花師匠	松本景月	同	河野照像館
興信所	天津興信所	呉服	幸寺呉服店	同	山本寫眞館

广告一览表。

中国料理	聚和成	銀行	中華滙業銀行	料理	朝日軒
質業	質屋同業組合	呉服雜貨	日清洋行	旅館	一二三館
藥種貿易	信義洋行	食料雜貨	日華洋行	同	北京飯店
骨董商	林屋洋行	呉服	佐野呉服店	雜誌	日華公論
同	山中商會	寫眞材料	東亞公司	土木建築	華勝公司
貿易	泰平公司	寫眞	山本寫眞館	銀行	大東銀行
同	高田商會	洋服	利華洋行	電氣	太平洋行
藥種貿易	信昌洋行	病院	砂田醫院	建築材料	茨木洋行
土木建築	松本工程局	同	原田醫院	土木建築	朝日組
病院	日華同仁醫院	料理	長春亭	同	山越金太郎
同	川田醫院	同	石田	同	赤山工程局
一般商行爲	森格事務所	同	萬歲屋	煙草	東亞烟公司
同	中日實業公司	同	幕田長三郎	石炭	松昌洋行
企業	滿鐵公所	同	二葉		

广告一览表。

寫眞	永樂寫眞館	料理	神戸館	三業	天津三業組合
藥種	博信堂藥房	同	待宵	旅館	芙蓉館
同	山喜洋行	同	八千代	同	彌生館
同	川崎洋行	同	たま川	同	松島館
同	丸二兄弟藥房	同	菊家	同	玉屋旅館
同	華日洋行	同	伊丹幸	壽司	夫婦壽司店
同	正文洋行	同	中家	貿易	泰隆洋行
同	松本盛大堂	食道樂	新湖月	書籍菓子	白木東京堂
病院	天津病院	同	東軒	書籍新聞	日光堂書店
同	同仁醫院	料理	葉奈家	貿易	中國土産公司
同	千秋醫院	同	魚新	煙草	希臘煙公司
同	日本共立醫院	同	鷹乃羽	中国料理	德義樓
同	東亞醫院	表具	岡本洋行	理髪	小林理髪館
料理	敷島	食道樂	岩倉	中国料理	晋陽樓

广告一览表。

寫眞器械及材料

各種掛置時計

双眼鏡並望遠鏡

天津日本租界旭街四面鐘

K

樫村洋行

電話七十五號

振替貯金 東京一二七二六番
大阪五八八二番

支店 大連市浪速町伊勢町角 北京前門外大街
奉天小西門內 濟南府普利門外 青島市場町

洋行广告。

建筑公司广告。

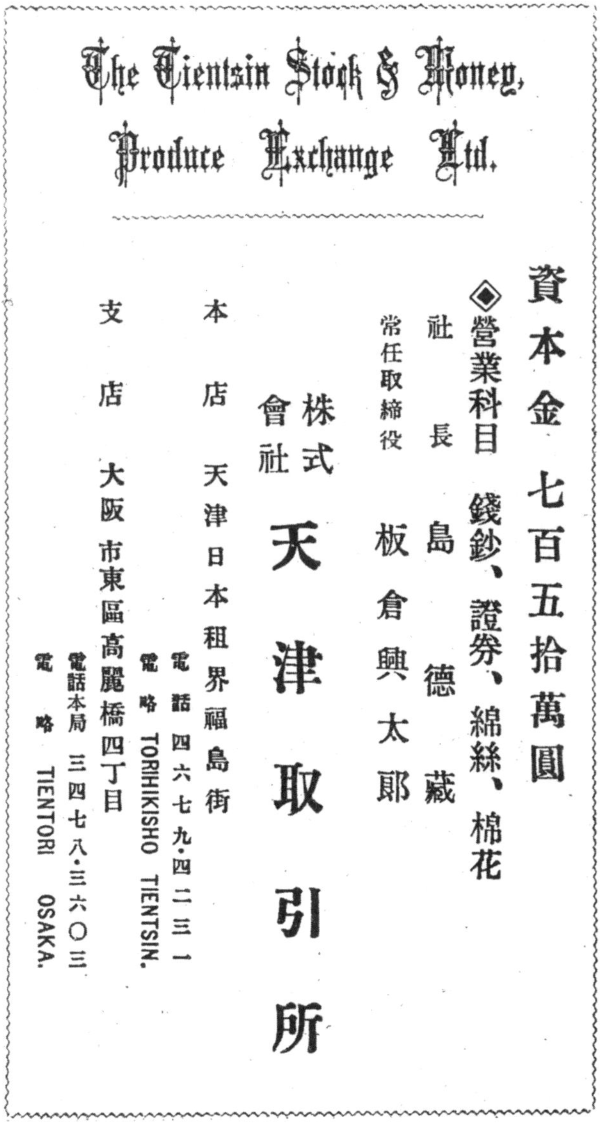
The Tientsin Stock & Money,
Produce Exchange Ltd.
資本金 七百五拾萬圓
◈營業科目 錢鈔、證劵、綿絲、棉花
社長 島徳藏
常任取締役 板倉興太郎
株式會社 天津取引所
本店 天津日本租界福島街
電話 四六七九・四二三一
電略 TORIHIKISHO TIENTSIN.
支店 大阪市東區高麗橋四丁目
電話本局 三四七八・三六〇三
電略 TIENTORI OSAKA.

交易所广告。

營業課目

鐵道枕木 鑛石 鴨綠江材 日本產材木類
軍器及軍需品一式 機械及電氣用器
棉花 綿糸 綿布 砂糖 燐寸 麥粉 羅紗 毛類 皮革
昆布 石炭 硫黃 種物 麻 其他天然物及製造品

天津日本租界山口街

大倉洋行

電話 一二三號 二五〇號

K.O

各支店所在地

本店＝東京 支店＝大阪 神戶 橫濱 佐世保 名古屋 吳
舞鶴 函館 門司 臺北 京城 安東縣 本溪湖 大連 北京
漢口 上海 香港 倫敦 紐育 漢堡 シドニー等

引受代理店

大日本麥酒株式會社 秋田木材株式會社 帝國製麻株式會社
泰平公司 東洋海上保險株式會社 千代田生命保險相互會社

洋行广告。

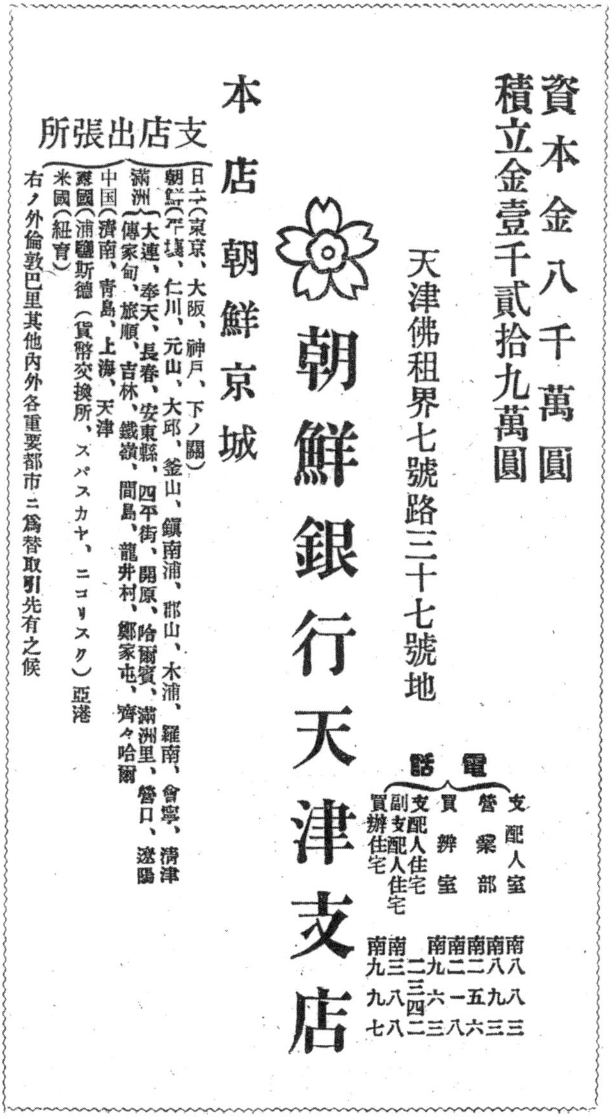
資本金八千萬圓
積立金壹千貳拾九萬圓
天津佛租界七號路三十七號地
朝鮮銀行天津支店
電話
支配人室
營業部
買辦室
支配人住宅
副支配人住宅
買辦住宅
南八八三
南八九三
南二五六
南二一八
南九六三
二三四二
南三八八
南九九七
本店　朝鮮京城
支店出張所
日本(東京、大阪、神戸、下ノ關)
朝鮮(平壤、仁川、元山、大邱、釜山、鎭南浦、郡山、木浦、羅南、會寧、清津
滿洲(大連、奉天、長春、安東縣、四平街、開原、哈爾賓、滿洲里、營口、遼陽
傅家甸、旅順、吉林、鐵嶺、間島、龍井村、鄭家屯、齊々哈爾
中国(濟南、青島、上海、天津
露國(浦鹽斯德(貨幣交換所、スパスカヤ、ニコリスク)亞港
米國(紐育)
右ノ外倫敦巴里其他内外各重要都市ニ爲替取引先有之候

银行广告。

◈諸預金　◈諸貸出金

◈荷爲替　◈送金爲替

右精々御便宜に取扱可申候

天津日本租界旭街

株式會社 天津銀行

電話 營業部 二九三・三九五五
買辦部 二〇四二

爲替取組先

大阪、神戶、東京、長崎、熊本、仁川、大連、青島、上海、安東縣、奉天、長春、撫順、本溪湖、公主嶺、

其他內外各樞要地

北京支店 崇文門大街　大阪支店 大阪市西區薩摩堀東ノ町一二

银行广告。

消化と
毒けし
仁丹
●散歩に仁丹　眞に愉快
●食後に仁丹　消化良好
仁丹
飲む人
德な人
金言
國の光は愛國心の熱より發す（東京萬朝）

药品广告。

信托、贸易、投资公司广告。

资本金五千萬圓

本店　東京市麴町區有樂町一丁目一番地

東洋拓殖株式會社

青島支店

支配人　針貝金次郎

營業課目
- 拓殖ノ爲必要ナル資金ノ供給
- 農業水利事業及土地ノ經營
- 其他拓殖ノ爲必要ナル事業ノ經營

开拓殖民地公司广告。

信用本位

貴金屬美術細工所
及販賣並時計各種
寳石類其他翡翠賣買

店主 西原彦治
電話二四二七號

天津日本租界壽街 西原金店

天津日本租界曙街 西原出店

珠宝店广告。

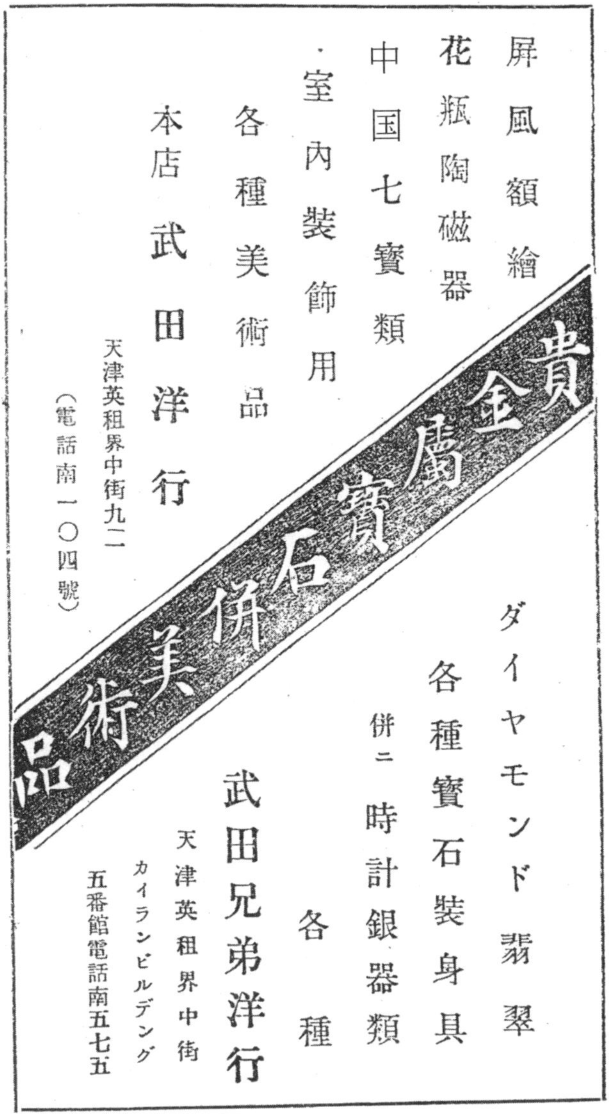
屏風額繪
花瓶陶磁器
中国七寶類
·室內裝飾用
各種美術品
本店 武田洋行
天津英租界中街九二
(電話南一〇四號)
貴金屬寶石併美術品
ダイヤモンド翡翠
各種寶石裝身具
併ニ時計銀器類
各種
武田兄弟洋行
天津英租界中街
カイランビルデング
五番館電話南五七五

珠宝店广告。

安東、大連、天津線毎月九回就航 汽船 長平丸、天潮丸、濟通丸
大連、青島、上海線毎月六回就航 汽船 榊丸、西京丸
營口、大連、坂神線毎月二回就航 汽船 長順丸

天津より內地行には大阪商船大連內地間定期航路に接續し、尚一等船客に限り當地に於て同社船聯絡乘船切符引換券發行可仕候

天津舊獨逸租界碼頭拾八號

大連汽船株式會社天津出張所

電話 南 一八一五 八五一

天津法租界碼頭

同佛租界分店

電話 南 九六〇號

倉庫營業

一、弊社の倉荷證券は當地各銀行にて金融を受くる便宜有之候
一、入津貨物に對しては弊社にて通關代辦可仕候
一、委託主の申込に依り保管貨物に火災保險を付し申候
一、舊獨逸租界倉庫は當分保管料割引仕候

运输公司广告。

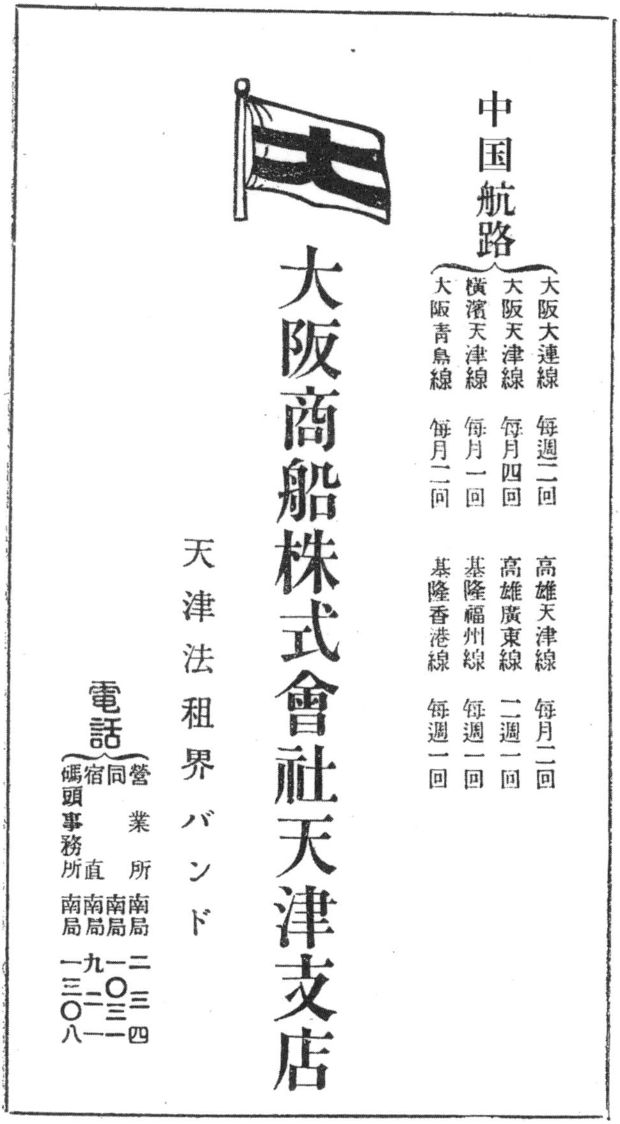
中国航路
大阪大連線 每週二回
大阪天津線 每月四回
横濱天津線 每月一回
大阪青島線 每月二回
高雄天津線 每月二回
高雄廣東線 二週一回
基隆福州線 每週一回
基隆香港線 每週一回
大阪商船株式會社天津支店
天津法租界バンド
電話
營業所 南局二三四
同 南局一〇三一
宿直 南局九二一
碼頭事務所 南局一三〇八

运输公司广告。

运输公司广告。

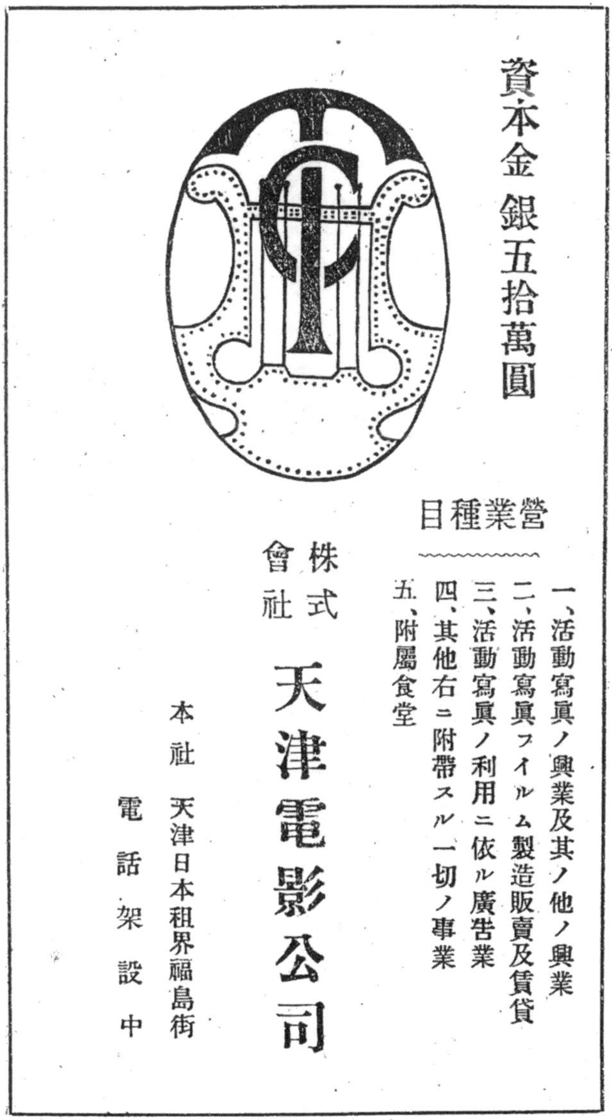
資本金 銀五拾萬圓
營業種目
一、活動寫眞ノ興業及其ノ他ノ興業
二、活動寫眞フイルム製造販賣及賃貸
三、活動寫眞ノ利用ニ依ル廣告業
四、其他右ニ附帶スル一切ノ事業
五、附屬食堂
株式會社
天津電影公司
本社 天津日本租界福島街
電話架設中

电影公司广告。

洋行广告。

公司广告。

一、一般輸出入業
一、倉庫業
一、船舶代理業
一、共同火災保險會社代理店
一、帝國火災保險株式會社代理店

LW

天津日本租界旭街

株式會社

隆和公司

電話
雜貨部 二四七八號
棉花部 三七五號
船舶部 三四九一號

公司广告。

天津

輸出鷄卵同業組合

（イロハ順）

天津日本租界新壽街

山田商會天津支店

天津日本租界壽街

義成洋行鷄卵部

天津日本租界松島街

日本鷄卵株式會社天津支店

天津佛租界二號路

植松商店天津支店

蛋禽公司广告。

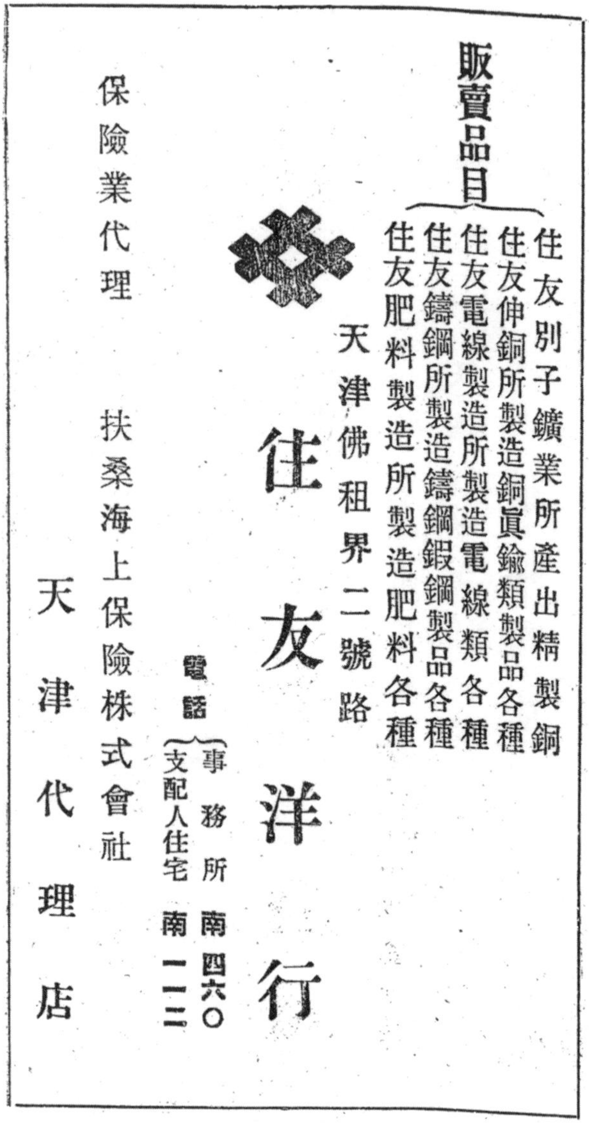
販賣品目
住友別子鑛業所產出精製銅
住友伸銅所製造銅眞鍮類製品各種
住友電線製造所製造電線類各種
住友鑄鋼所製造鑄鋼鍛鋼製品各種
住友肥料製造所製造肥料各種
天津佛租界二號路
住友洋行
電話 事務所 南四六〇
支配人住宅 南一一三
保險業代理
扶桑海上保險株式會社
天津代理店

洋行广告。

建築界の脅威

天津佛租界六號路三七號

株式會社 天津華石公司

電話南局一三四四號

大陸的大理石の如何に
光彩陸離たるかを見よ

建筑公司广告。

一、一般輸出入業
一、日華製油株式會社製品一手販賣
一、旭硝子株式會社製品一手販賣
一、三菱火災保險株式會社代理店（自働車保險兼營）

天津日本租界榮街

三菱商事株式會社天津出張所

電話
商務 二五五號
保險、石炭、庶務
夜間相原住宅 三一六〇號
賬房 三九七三號
合宿所 四六四六號

贸易公司广告。

银行广告。

北京
天津

古河公司

電話
北京東一五〇〇
天津南一六六八
天津清島住宅九八四

公司广告。

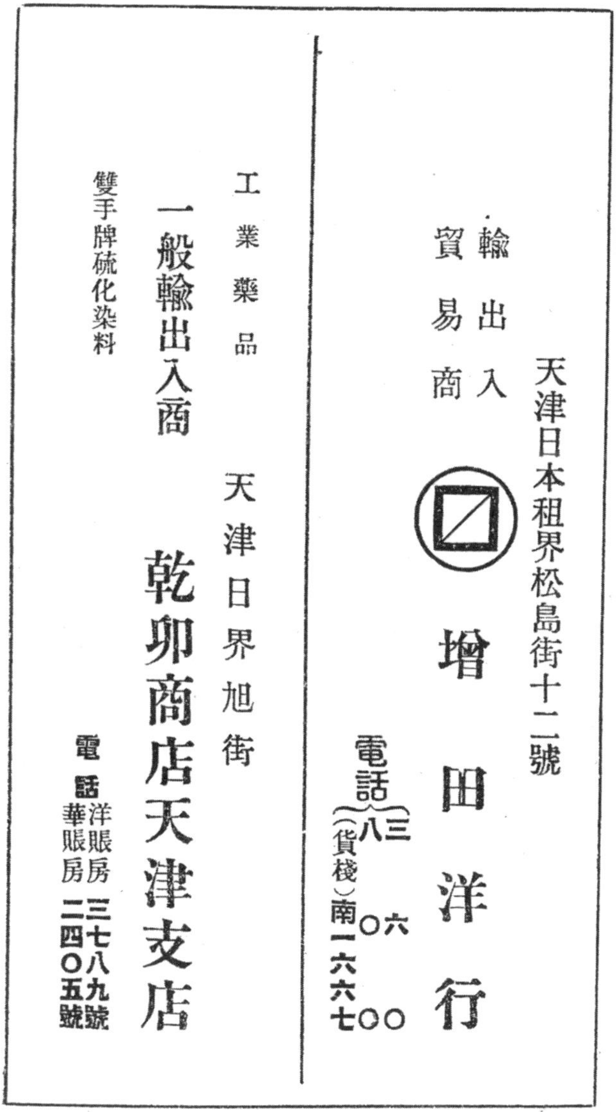

工业原料公司广告、洋行广告。

洋行广告、进出口贸易公司广告。

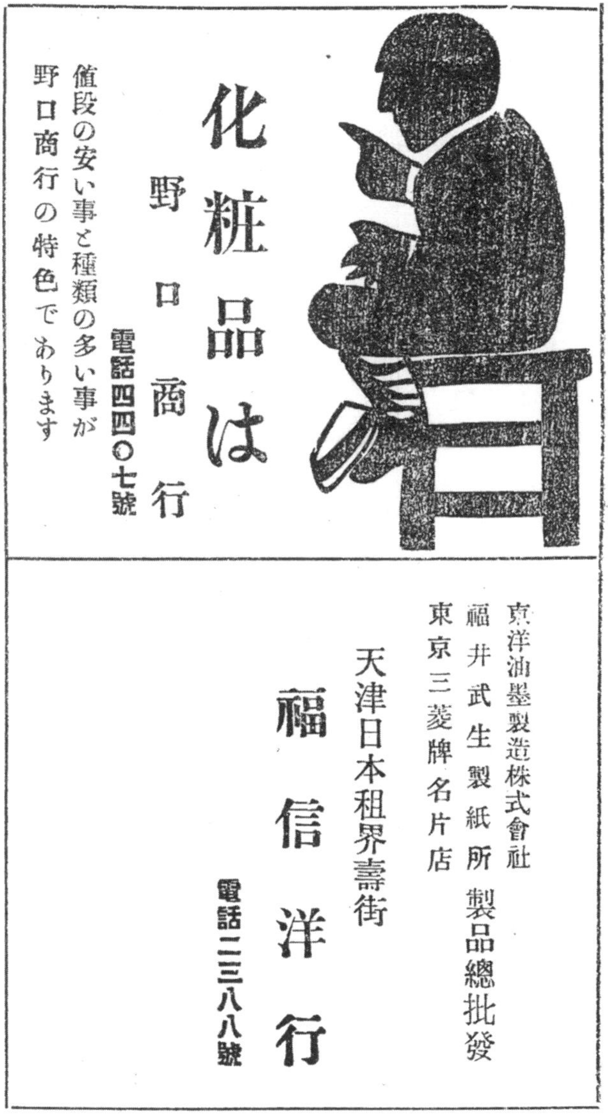
化粧品は
野口商行
電話四四〇七號
値段の安い事と種類の多い事が
野口商行の特色であります
東洋油墨製造株式會社
福井武生製紙所 製品總批發
東京三菱牌名片店
天津日本租界壽街
福信洋行
電話二三八八號

洋行广告。

洋行广告。

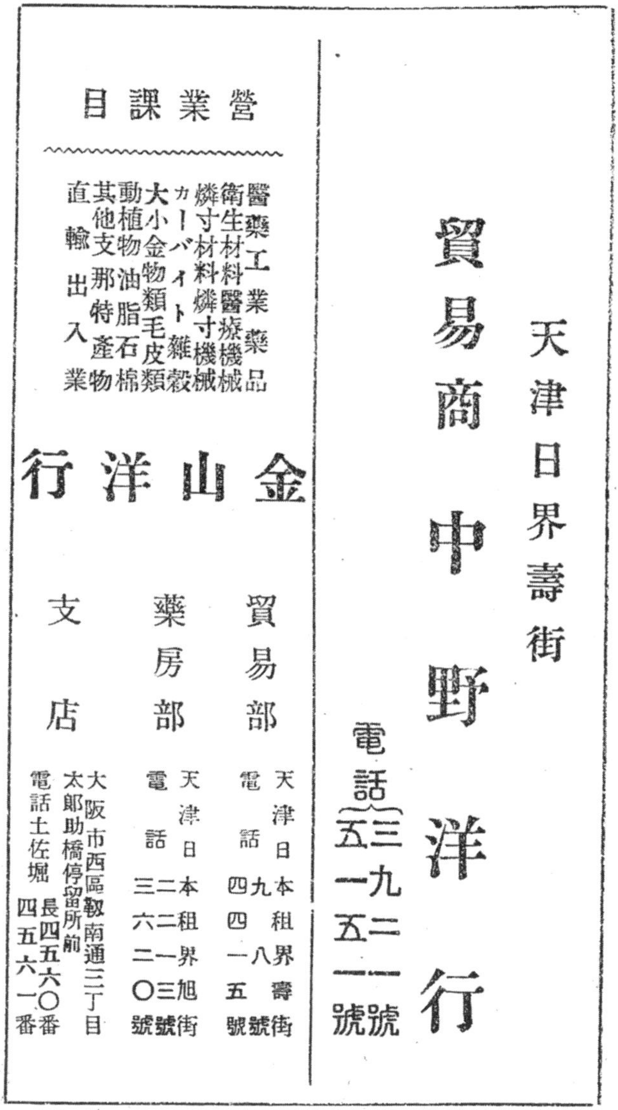
天津日界壽街
貿易商中野洋行
電話 三九二一號 五一五一號
營業課目
醫藥工業藥品
衛生材料醫療機械
燐寸材料燐寸機械
カーバイト雜穀
大小金物類毛皮類
動植物油脂石棉
其他支那特產物
直輸出入業
金山洋行
貿易部
天津日本租界壽街九八號
電話四四一五號
藥房部
天津日本租界旭街二二一三號
電話三六二〇號
支店
大阪市西區靱南通三丁目
太郎助橋停留所前
長四五六〇番
電話土佐堀四五六一番

洋行广告。

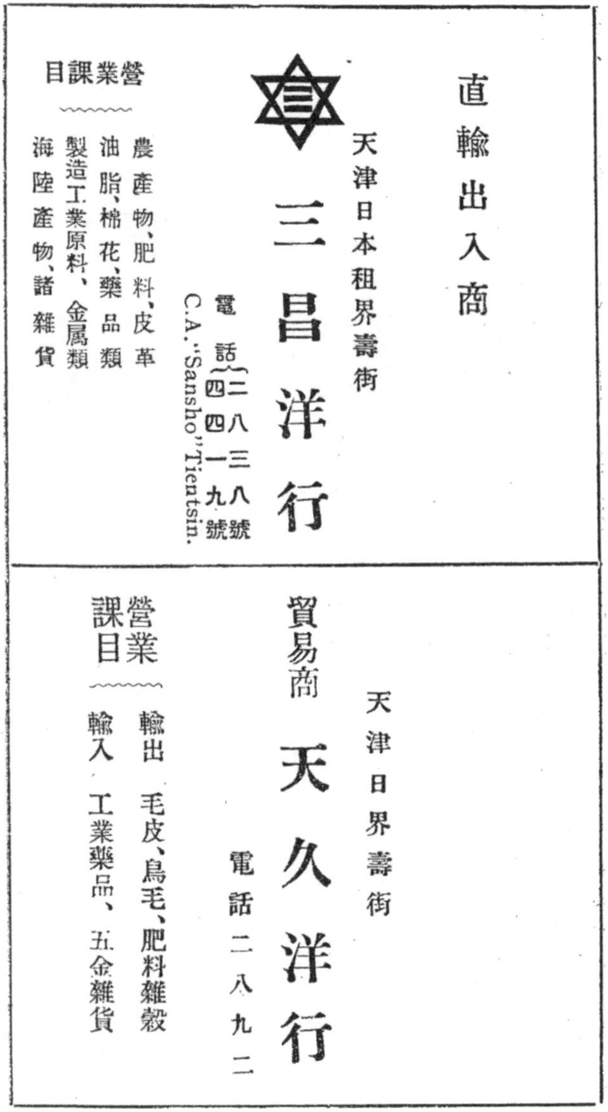
直輸出入商
天津日本租界壽街
三昌洋行
電話 二八三八號 四四一九號
C.A. "Sansho" Tientsin.
營業課目
農產物、肥料、皮革
油脂、棉花、藥品類
製造工業原料、金屬類
海陸產物、諸雜貨
天津日界壽街
貿易商
天久洋行
電話二八九二
營業課目
輸出 毛皮、鳥毛、肥料雜穀
輸入 工業藥品、五金雜貨

洋行广告。

天津日界旭街

電氣百般
蒸汽暖房
懇切丁寧

義昌洋行

電話四九一號

洋行广告。

一、土地建物ノ所有賣買賃貸並ニ其仲介
二、土地家屋證券担保貸附
三、當設活動寫眞館ノ經營並ニ附帶事業

同益社興業組合

天津日本租界須磨街
（電話架設中）

常設活動寫眞館

明星社

房产中介协会广告。

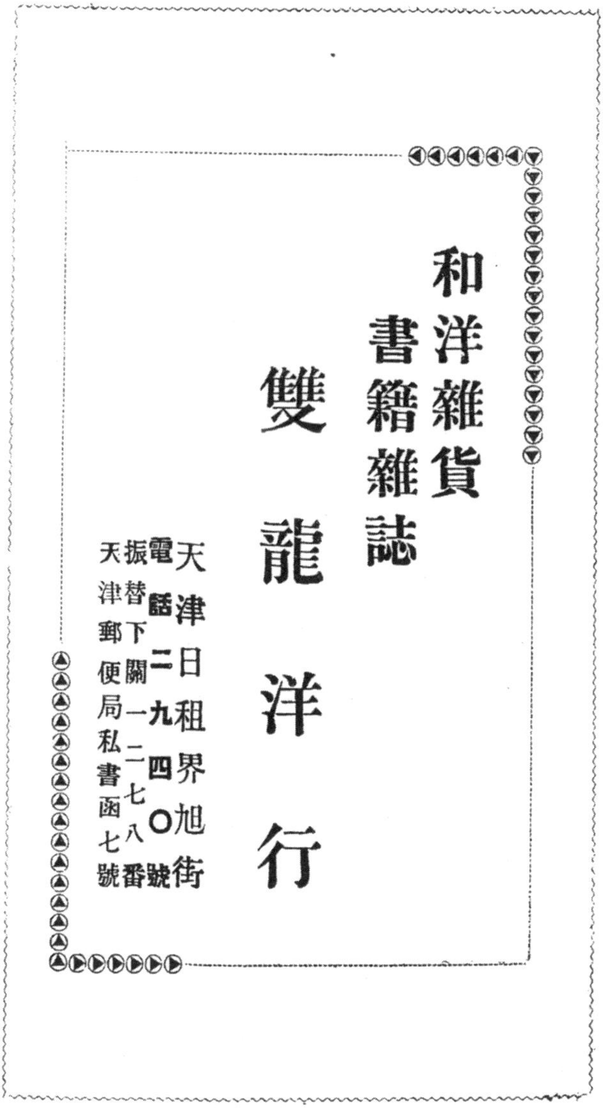

洋行广告。

洋行广告。

懷中金側時計
ダイヤ入指輪時計
ダイヤ入腕卷各種
其他土産物としての翡翠細工貴金屬一切有之候
天津旭街
須藤洋行
電話二九七〇號
自動車
自轉車
天津日界橋立街
藤井洋行
電話一七九九號
北京東單牌樓新開路
藤井洋行北京支店
電話東局三五三號

洋行广告。

机械制造商会广告、食品店广告。

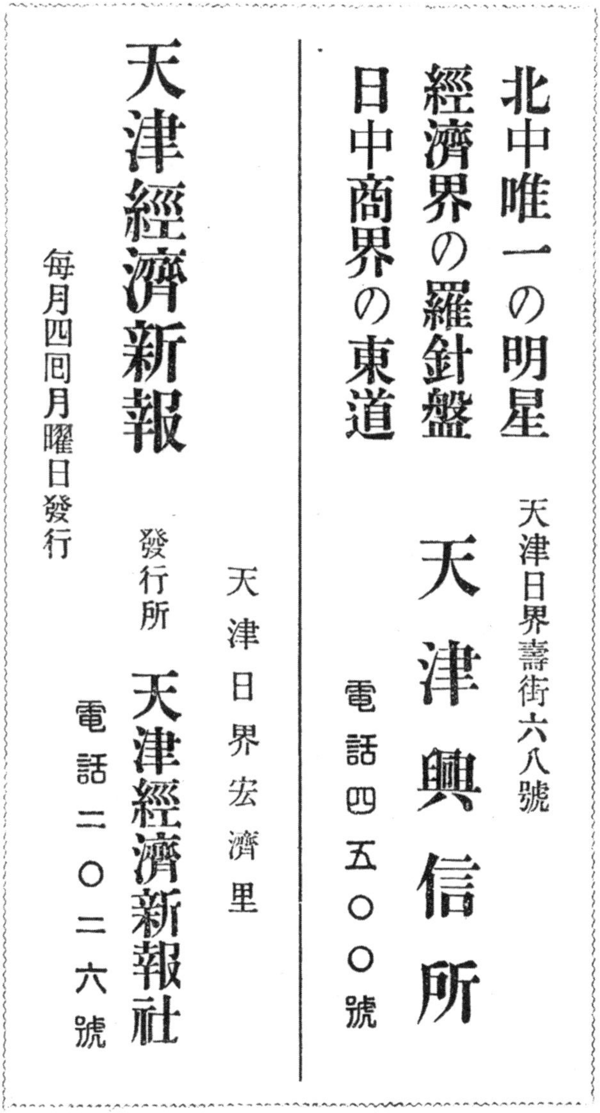
北中唯一の明星
經濟界の羅針盤
日中商界の東道
天津日界壽街六八號
天津興信所
電話四五〇〇號
天津經濟新報
天津日界宏濟里
發行所
天津經濟新報社
電話二〇二六號
每月四回月曜日發行

报纸广告、贸易公司广告。

日週刊邦字新聞

天津日報

天

京津日日新聞

津

新中国

山東公論

报纸广告。

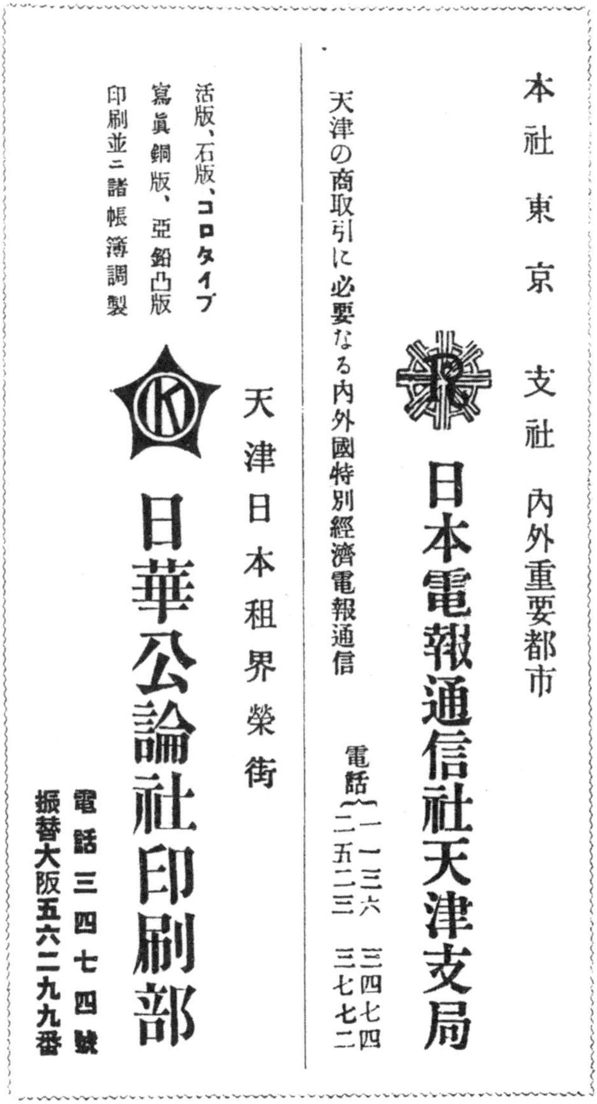

报社印刷部广告、电报局广告。

高等洋服裁縫
並ニクリーニング

天津日本租界曙街

鵜野洋服店

電話二七九一號

◎森永製菓株式會社
北中国一手販賣
◎尾崎染料廠北中国代理店
◎清酒玉椿一手販賣
◎天津駐屯軍御用達

S

天津日本租界旭街四六號

瑞豊洋行

電話三八三七號

洋行广告、服装店广告。

大阪菓子同業組合主催
第三回全國菓子飴大品評會
二等賞銀牌受領

天津日本租界宮島街
菓子商　**村上日月堂**
電話三八二三號

廣島同業組合主催
第四回全國菓子飴大品評會
二等賞銀牌受領

糖果店广告。

天津日本租界宮島街

吳服太物商

松屋

松本侑久子

電話二五七〇號

舊嵯峨御所

未生御流生花　廣永齋

裏千家茶の湯

大原流盛花

松本景月

和服布料商店广告。

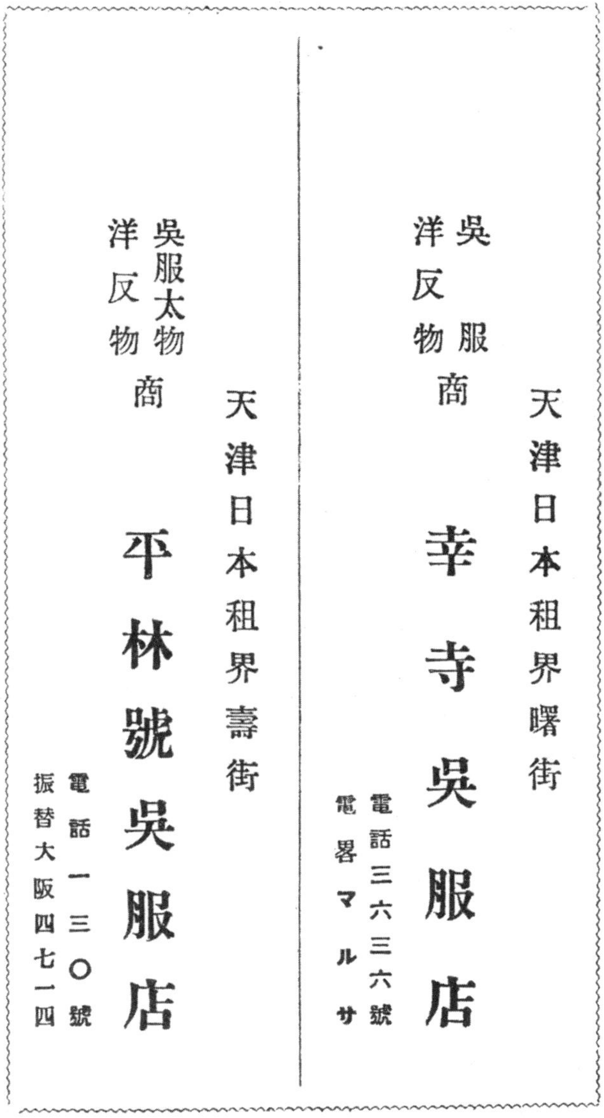
天津日本租界曙街
幸寺吳服店
吳服
洋反物商
電話三六三六號
電略マルサ
天津日本租界壽街
平林號吳服店
吳服太物
洋反物商
電話一三〇號
振替大阪四七一四

和服店广告。

吳服太物
小間物
洋雜貨

天津曙街五十六號

八
長岡號

電話 二〇一
　　 二五九二
振替 福岡 二〇八八
　　 下關 四二〇八

疊表製造販賣業

天津日本租界福島街

備後屋疊店

電話 二二二三

天津日本租界海光寺

備後屋疊表製造工場

日用品及西洋百货店广告、榻榻米店广告。

天津日界壽街十八號

通關代辦
船舶仲立
運送取扱

通裕洋行

電話
本行三三九六號
碼頭南三三九一號

大阪商船會社
大連汽船會社
乘船劵發賣所

貨物運送
船舶代理
通關代辦

日本租界宮嶋街

中日公司

事務所電話二七四三
佛界碼頭南電話三七二二
自宅電話三六八三

天津日界壽街

通關代辦
船舶運送業

株式會社
結城洋行

電話
本行三三一號
四二九三號
碼頭南一一六五號

洋行广告、运输公司广告。

營業科目
大印最上醬油　甘强味淋
ちから味噌　北中国一手販賣

大

日中合辦

大連醬油株式會社天津出張所

天津日本租界旭街五拾二號
電話四四三號
振替口座大連參貳七〇番

中国天津日本租界宮島街

有隣生命保險會社天津代理店

中国土產品
進物贈答品
高等食料品
飲料品雜貨

商福々商會

電話三六七二號
振替下關一一九九番

商会广告、酱油公司广告。

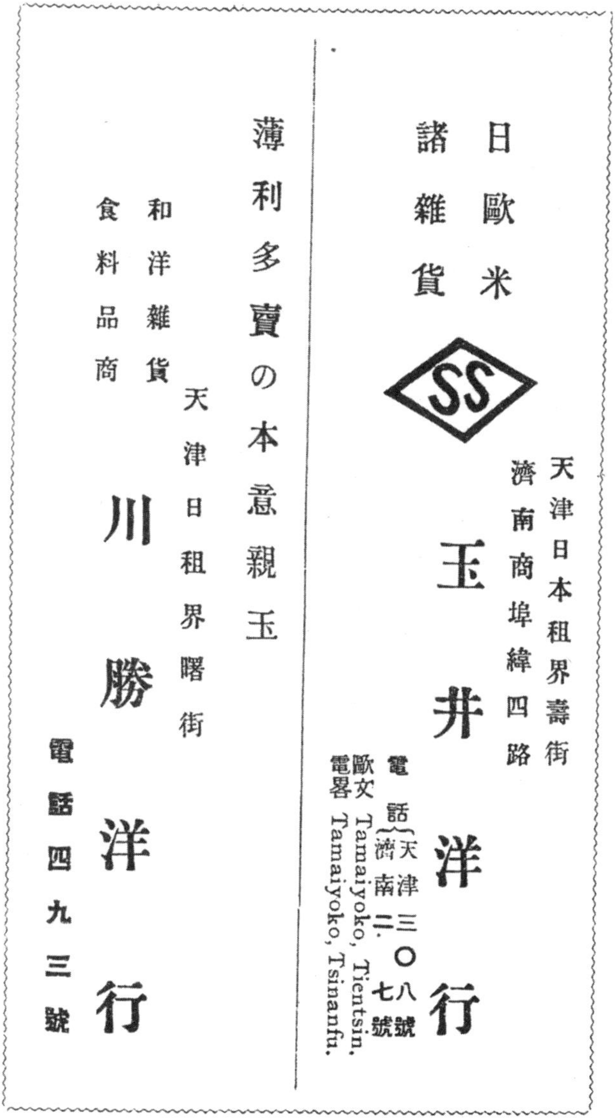
日歐米
諸雜貨
SS
天津日本租界壽街
濟南商埠緯四路
玉井洋行
電話{天津三〇八號 濟南二.七號
歐文電略 Tamaiyoko, Tientsin. Tamaiyoko, Tsinanfu.
薄利多賣の本意親玉
天津日租界曙街
和洋雜貨
食料品商
川勝洋行
電話四九三號

食品店及百货店广告。

◇個性趣味の寫眞◇

專ら……氣分を捉ふるに努め清新なる

印畫をさし上げます（晝夜撮影）

天津日本租界宮島街

福壽寫眞館

電話四四一三號

照相馆广告。

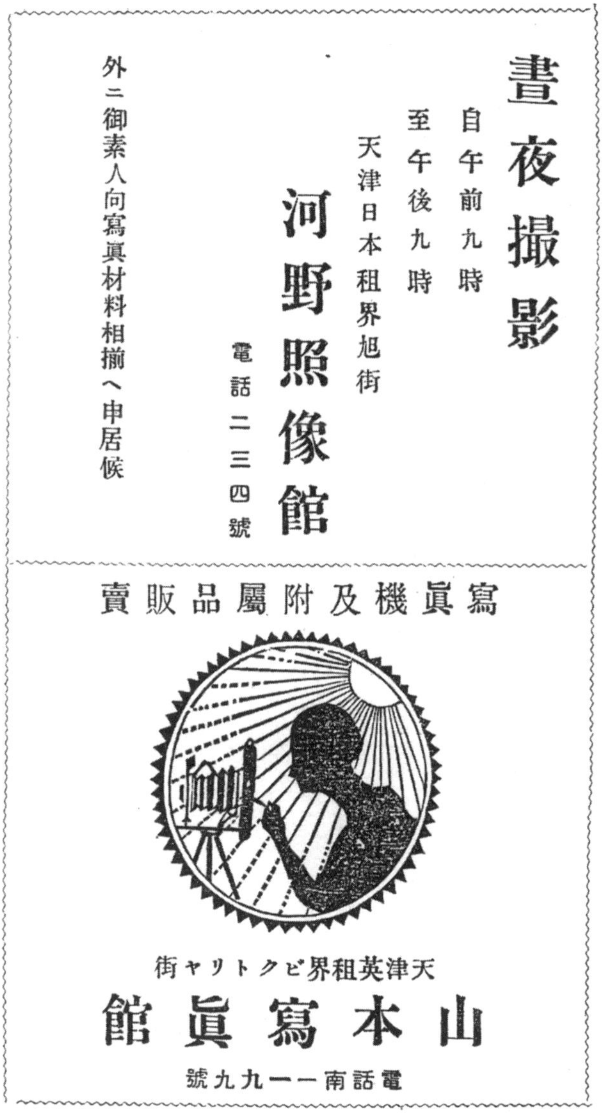
晝夜撮影
自午前九時
至午後九時
天津日本租界旭街
河野照像館
電話二三四號
外ニ御素人向寫眞材料相揃ヘ申居候
寫眞機及附屬品販賣
天津英租界ビクトリヤ街
山本寫眞館
電話南一一九九號

照相馆广告。

天津

質屋同業組合

（いろは順）

花山質店	花山圓助	日界常盤街
千葉質店	千葉初藏	同 吾妻街
岡田洋行	岡田實三郎	同 曙街
中村質店	中村ヒサ	同 梅小路
久米田質店	山口シゲ	同 壽街
〇サ質店	笹谷ヤク	同 大和里
榮順洋行質店	星野順次郎	同 平儀里
三樂屋質店	秋本勇藏	同 福島街
明治洋行質店	橋本礒	同 常盤街
志田質店	志田次郎	同 壽街
信成洋行	板倉シク	同 宮島街
信廣洋行質店	川崎政	同 松島街

当铺同业协会广告。

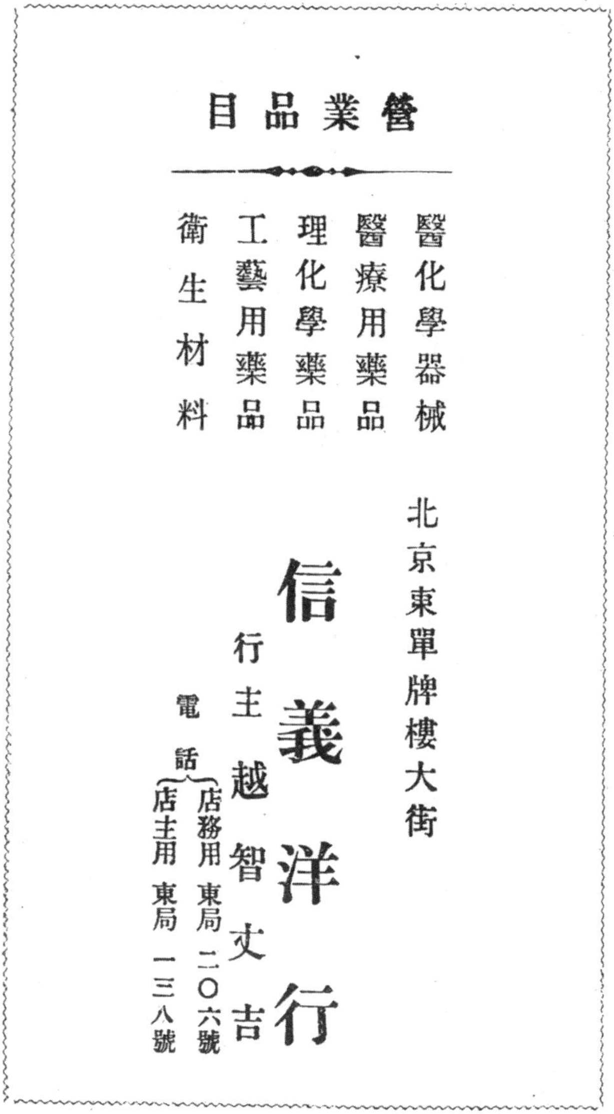
營業品目
醫化學器械
醫療用藥品
理化學藥品
工藝用藥品
衛生材料
北京東單牌樓大街
信義洋行
行主 越智丈吉
電話 店務用 東局 二〇六號
店主用 東局 一三八號

洋行广告。

北京孝順胡同

骨董商林屋洋行

電話東局三三〇號

北京蔴線胡同

骨董商山中商會

電話東局一七〇三號

商会广告、洋行广告。

北京東單新開路

泰平公司

電話東局一三〇〇號

北京東長安街

高田商會

電話東局一四〇號

商会广告、公司广告。

醫化學器械及藥品
理化及工藝用藥品
滋養强壯藥用飲料

太平生命保險
神戶火災保險
會社代理店

信昌洋行

本行　北京霞公府電東一七三號
分行　北京前門大街電南八七號

土木建築請負
並設計監督

松本工程局

入江勝男

北京東城盔甲廠
電話東局四〇七

洋行广告、工程局广告。

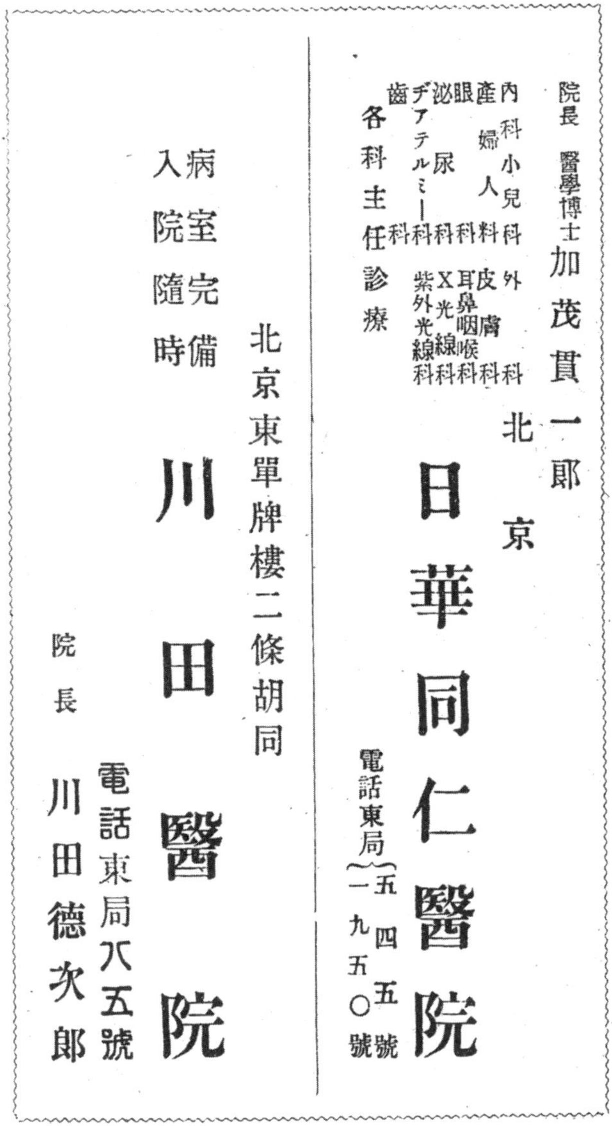
院長 醫學博士 加茂貫一郎
內科 小兒科 外科
產婦人科 皮膚科
眼科 耳鼻咽喉科
泌尿科 X光線科
ヂアテルミー科 紫外光線科
齒科
各科主任診療
北京
日華同仁醫院
電話東局 五四五號
一九五〇號
北京東單牌樓二條胡同
川田醫院
病室完備
入院隨時
電話東局八五號
院長 川田德次郎

医院广告。

東京　麴町區丸ノ內，東京海上ビルディング五二六
電話本局三六五三番

大阪　西區堀江北通一丁目十三番地
電話土佐堀三六〇番

上海　江西路エヅラ路三號
電話中央四四二三番

北京

森格事務所

東交民巷桂樂第大樓
電話東局七五九號

蕪湖　洋碼頭

青島　大和町三番地公利號內

事务所广告。

实业公司广告。

铁路公司广告。

資本金　壹千萬圓

內外爲替（內外國滙兌）　荷爲替（押滙）　當座預金（往來存款）　定期預金（定期存款）

抵當貸付（抵押放款）　割引手形（貼現）　金ノ預金（金存款）　其他一般銀行業務

爲替取組先（通滙地點）

上海、天津、濟南、青島、漢口、九江、福州、廈門、汕頭、廣州、香港、長春、奉天、大連、倫敦、紐育、新嘉坡、孟買、東京、大阪、京都、神戶、橫濱、下關、門司、長崎、名古屋、小樽、台北、京城

北京東交民巷西口戶部街

中華滙業銀行

總理　陸宗輿

專務理事　柿內常次郎

支配人（京行總經理）　楊德林

支店　上海江西路

總行　電話東局四五九　京行支配人室　電話東局二二七四

營業部電話東局二二七八　電報掛號西文（KNABEX）中文（滙業）

银行广告。

吳服太物
內外雜貨
食料品

北京崇文門大街

日清洋行

電話東局八四號

雜貨及
食料品
商

北京崇文門大街

日華洋行

電話東局三三號

東亞煙草公司特約店

杂货、食品店广告。

照相器材·杂志·运动用品店广告、照相馆广告、和服店广告。

軍裝洋服
北京西單牌樓大街
利華洋行
電話西局一〇四

北京南池子西氷窖胡同
砂田醫院
內科 小兒科
電話東局 九九六
二八二〇

北京前門外西草廠胡同
原田醫院
產婆 高橋園子
電話南局一八一五號

服装店广告、医院广告。

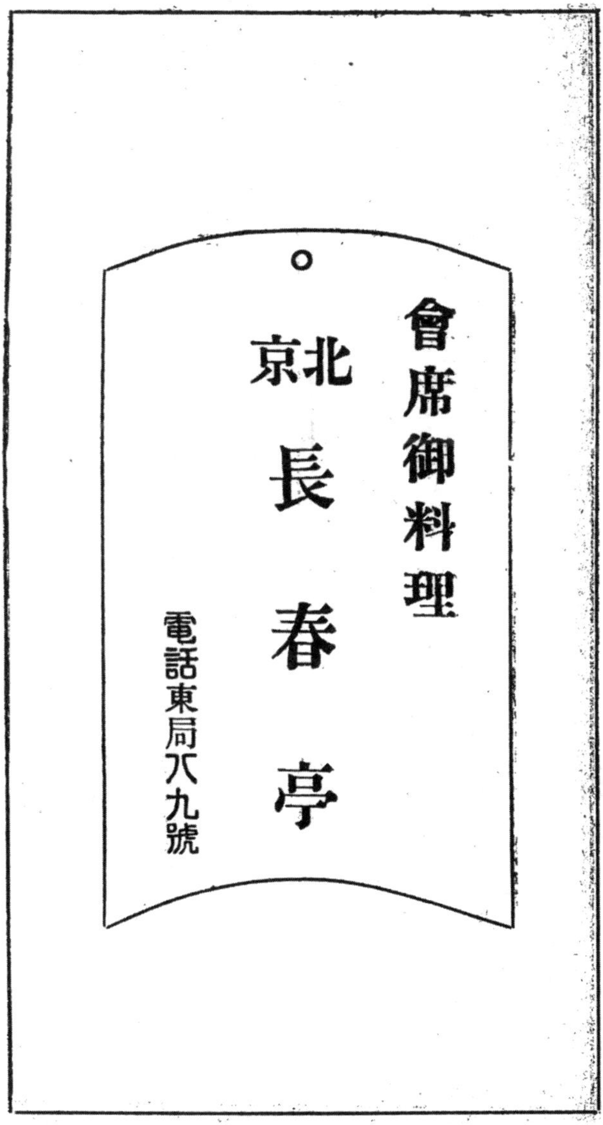

饭店广告。

魚作事
會席
御料理
石田
北京八寶胡同
電話東局一八五〇

北京八寶胡同
會席
御料理
萬歳屋
電話東局二五八

御料理
辨當
仕出シ
北京八寶胡同
幕田長三郎
電話東局一一一二

北京羊肉胡同
會席
御料理
二葉
電話東局二〇三
尚仕出し可仕候間御用命願上候

饭店广告。

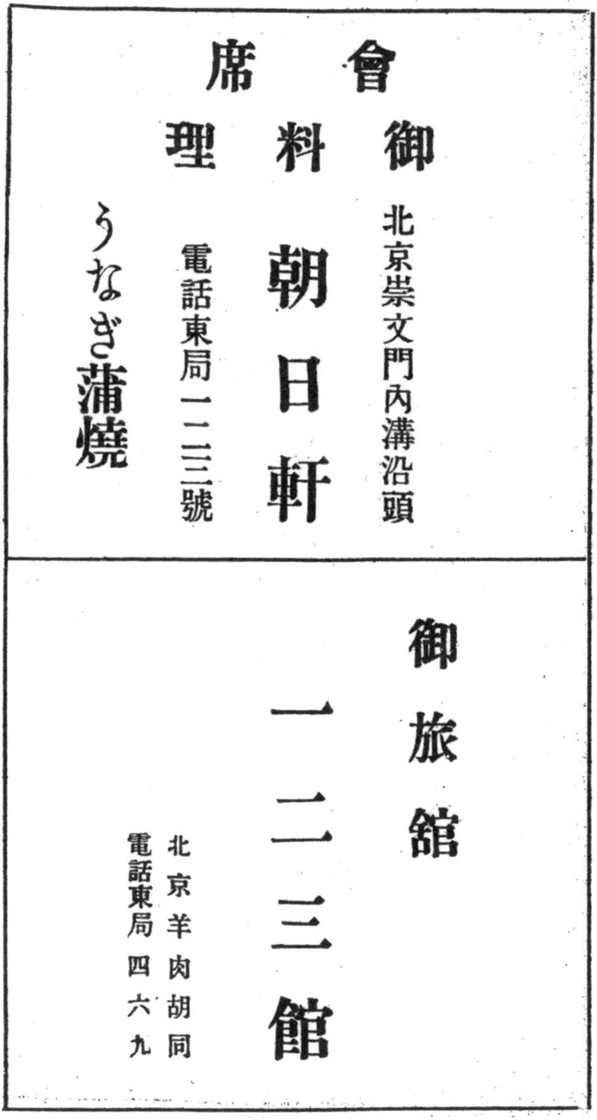
會席
御料理
北京崇文門内溝沿頭
朝日軒
電話東局一一二三號
うなぎ蒲燒
御旅館
一二三館
北京羊肉胡同
電話東局四六九

饭店广告、旅馆广告。

東洋一の大ホテル

西暦千九百拾五年創業客室總計百八十
八層の大建築屋上庭園は地上百三十尺
歐米最近式事務完備各室共化粧浴室附
玄關前に私設公園四季の草花散歩隨意
毎列車ステーション送迎用自働車出張
佛國人監督料理熟達別席宴會設備完全

北京東長安街

グランドホテル、デ、ペキン

北京飯店

總支配人　エル、エム、マイル

電話東局　三一五〇　三一五二　三一五三　二二五〇　五八〇

歐文電畧　GRAND HOTEL

饭店广告。

报纸广告。

建築部、土木部 工事請負、設計、監督、鑑定、測量
商業部 各種建築材料、土地產物各種、石炭販賣其他一般輸出入
天津日本租界壽街
華勝公司
電話 四〇一九
二一三六
工場用 二五八一
本支店所在地
本店＝北京棲鳳樓(電話東局一七〇〇) 支店＝青島黄島町
(電話二一九八) 出張所＝濟南府商埠地大馬路
引受代理店
淺野セメント株式會社、日本ペイント會社、日本建築製紙會
社、楊家煤礦公司、大同生命保險株式會社、徵兵保險株式會社
旭硝子株式會社(北京特約販賣)

建筑公司广告。

資本金五百萬圓

定期積金　定期預金　當座預金

特別當座預金　爲替　諸貸付

其他一般銀行業務御便宜ニ取扱可申候

大東銀行

天津支店

電話五二二號

北京前門外打磨廠五十八

電話南局{三四三七號
　　　　{三七五三號

银行广告。

東京綿 呼鈴線（パラピン線）製造販賣

陶磁器輸入販賣

其他各種電線製造注文ニ應ズ

天津壽街五十四號

太平洋行

樋口知義

電話三三一八

天津石山街

電線製造工場

電話三六七一

洋行广告。

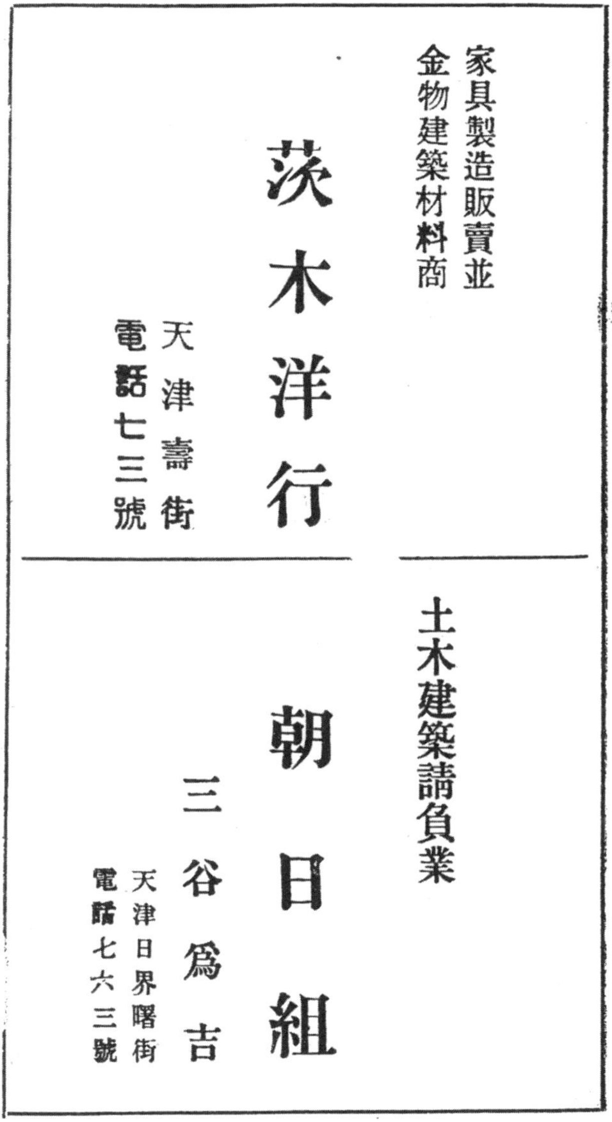
家具製造販賣並
金物建築材料商
茨木洋行
天津壽街
電話七三號
土木建築請負業
朝日組
三谷爲吉
天津日界曙街
電話七六三號

建筑公司广告。

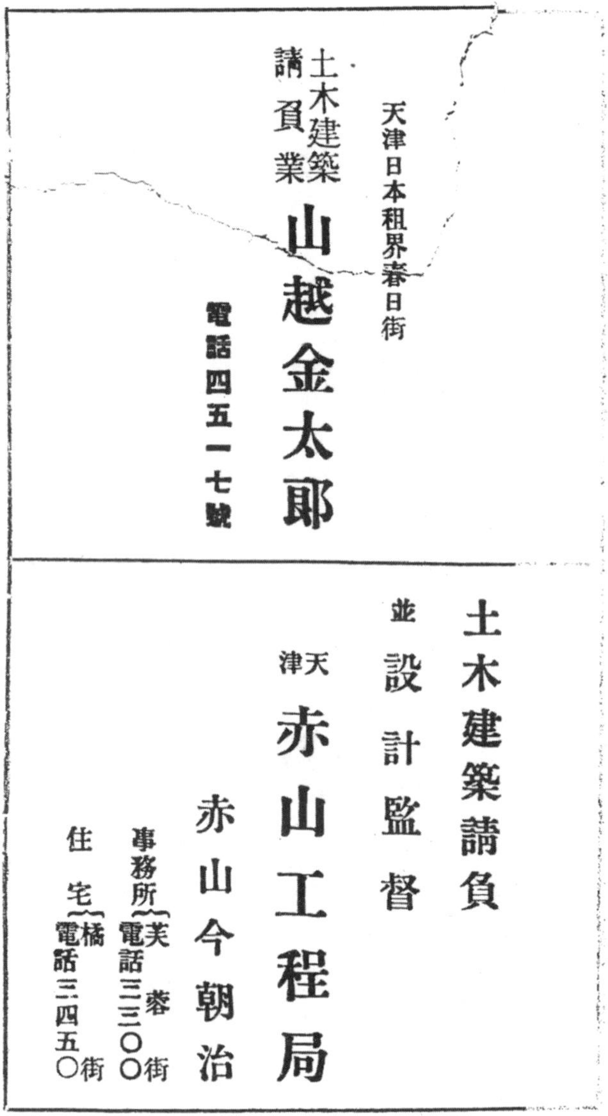
天津日本租界春日街
土木建築請負業
山越金太郎
電話四五一七號
土木建築請負
並設計監督
天津赤山工程局
赤山今朝治
事務所〔芙蓉街 電話三三〇〇
住宅〔橘街 電話三四五〇

建筑公司广告。

御愛用ノ煙草ハ何モ
極上等ニ限リマセヌ
第一品質ヤ体裁ガ好
クテ價格ガ安ケレバ
夫レデ澤山デスカラ
此意味ニ於テ我社ノ
特製「ガアーデン」
ヲ御勧メイタシマス
GARDEN
MAGNUMS
SWEET &
MILD CIGARETTES
TOA TOBACCO CO., LTD
TOA TOBACCO CO., LTD.
天津 東亞煙公司

香烟广告。

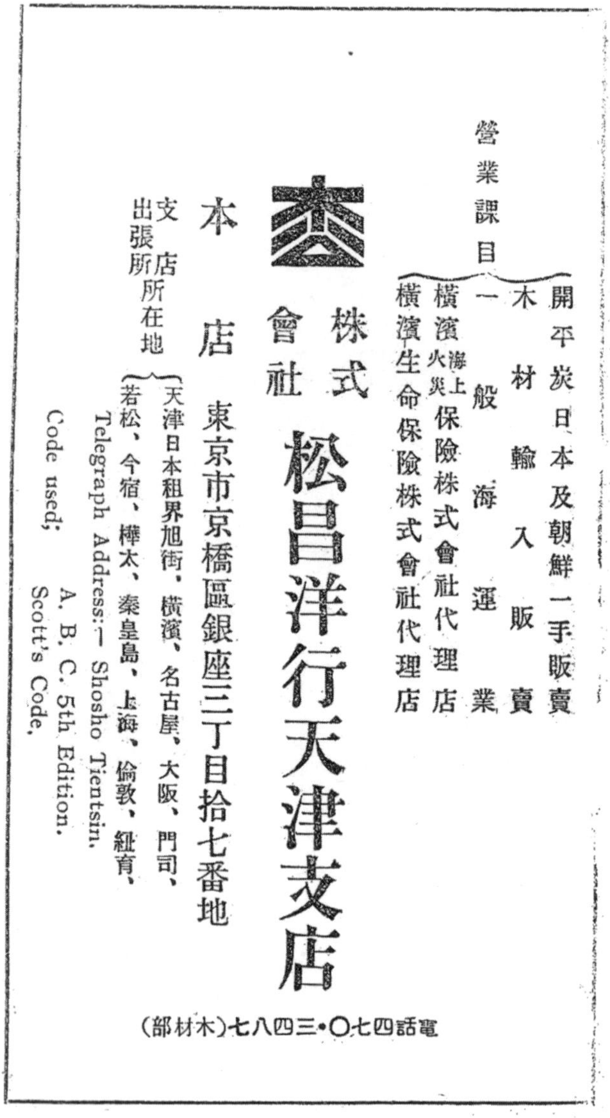
營業課目
開平炭日本及朝鮮一手販賣
木材輸入販賣
一般海運業
橫濱火災海上保險株式會社代理店
橫濱生命保險株式會社代理店
株式會社
松昌洋行天津支店
本店　東京市京橋區銀座三丁目拾七番地
支店出張所所在地
天津日本租界旭街、橫濱、名古屋、大阪、門司、
若松、今宿、樺太、秦皇島、上海、倫敦、紐育、
Telegraph Address:— Shosho Tientsin.
Code used; A. B. C. 5th Edition.
Scott's Code.
電話四七〇・三四八七(木材部)

洋行广告。

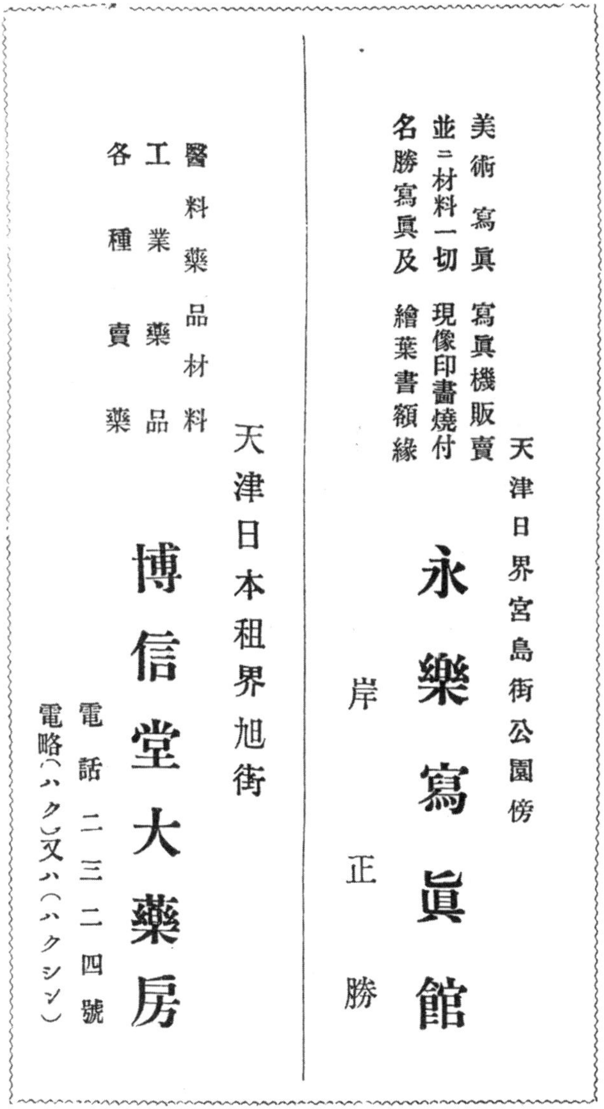
美術寫眞 寫眞機販賣
並ニ材料一切 現像印畫燒付
名勝寫眞及 繪葉書額緣
天津日界宮島街公園傍
永樂寫眞館
岸正勝
醫料藥品材料
工業藥品
各種賣藥
天津日本租界旭街
博信堂大藥房
電話二三二四號
電略(ハク)又ハ(ハクシン)

药店广告、照相馆广告。

洋行广告。

醫料材料器械
醫藥工業藥品
各種賣藥
天津日本租界旭街
丸二兄弟大藥房
電話一五一號
天津日本租界旭街
各種
貿易
TK
華日洋行
電話二八〇一號

洋行广告、药店广告。

藥種
雜貨
海產物
貿易商

天津日本租界旭街五十號

正文洋行

電話二九三九
三九四六號

天津郵便局私書函六二號

支店
大阪市北區中ノ島五丁目一六七
沖繩縣那覇區東町二ノ四四

營業品目

醫化學器械
醫療用藥品
理化學藥品
工藝用藥品
牙科用材料
繃帶材料
玻璃器具

K.M.

天津日本租界旭街

松本盛大堂

電話二二七一號
振替口座大連九九七番

医疗器械店广告、洋行广告。

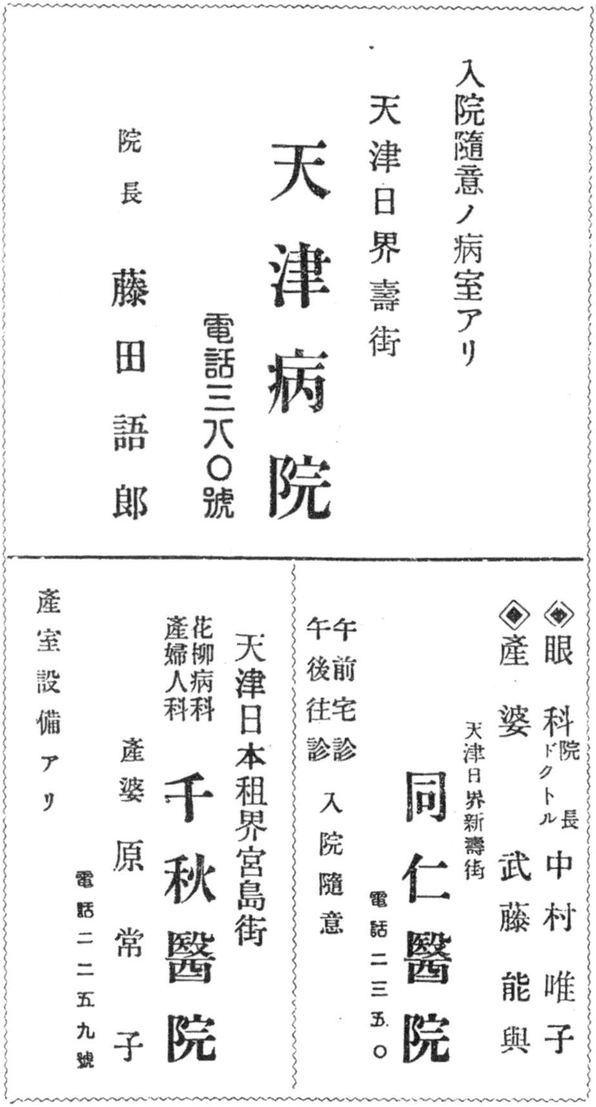
入院隨意ノ病室アリ
天津日界壽街
天津病院
電話三八〇號
院長　藤田語郎
眼科　院長ドクトル　中村唯子
産婆　武藤能與
天津日界新壽街
同仁醫院
電話二三五〇
午前宅診
午後往診
入院隨意
天津日本租界宮島街
花柳病科
産婦人科
千秋醫院
産婆　原常子
電話二二五九號
産室設備アリ

医院广告。

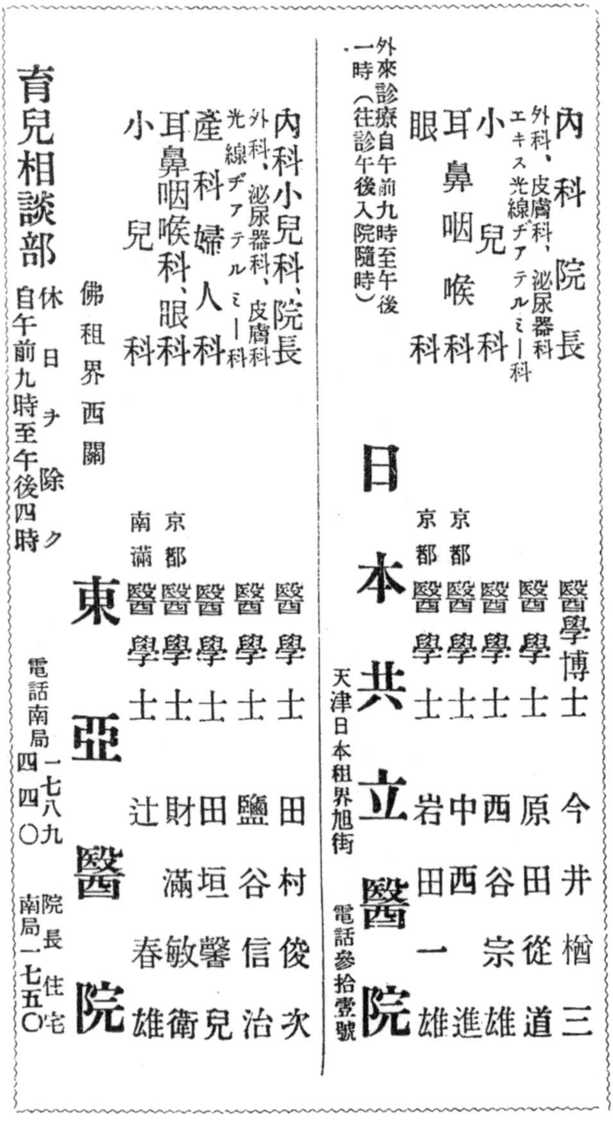
內科院長
外科、皮膚科、泌尿器科
エキス光線ヂアテルミー科
小兒科
耳鼻咽喉科
眼科
外來診療自午前九時至午後一時（往診午後入院隨時）
醫學博士 今井楢三
醫學士 原田從道
醫學士 西谷宗雄
京都醫學士 中西進
京都醫學士 岩田一雄
日本共立醫院
天津日本租界旭街
電話參拾壹號
內科小兒科、院長
外科、泌尿器科、皮膚科
光線ヂアテルミー科
產科婦人科
耳鼻咽喉科、眼科
小兒科
佛租界西關
醫學士 田村俊次
醫學士 鹽谷信治
醫學士 田垣馨兒
京都醫學士 財滿敏衛
南滿醫學士 辻春雄
東亞醫院
育兒相談部
休日ヲ除ク
自午前九時至午後四時
電話南局一七八九
四四〇
院長住宅
南局一七五〇

医院广告。

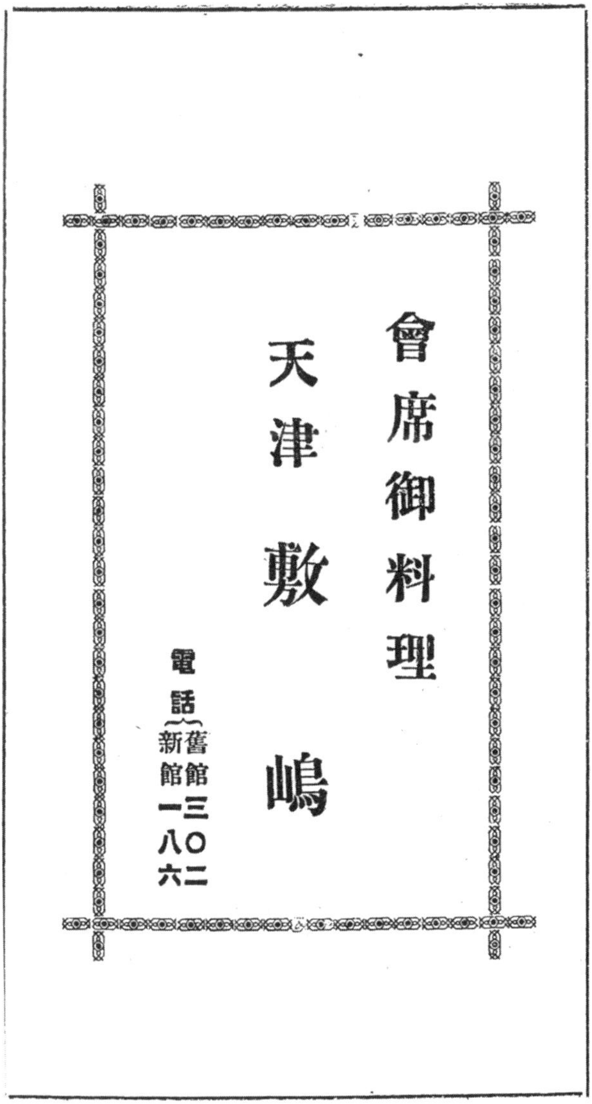

饭店广告。

饭店广告。

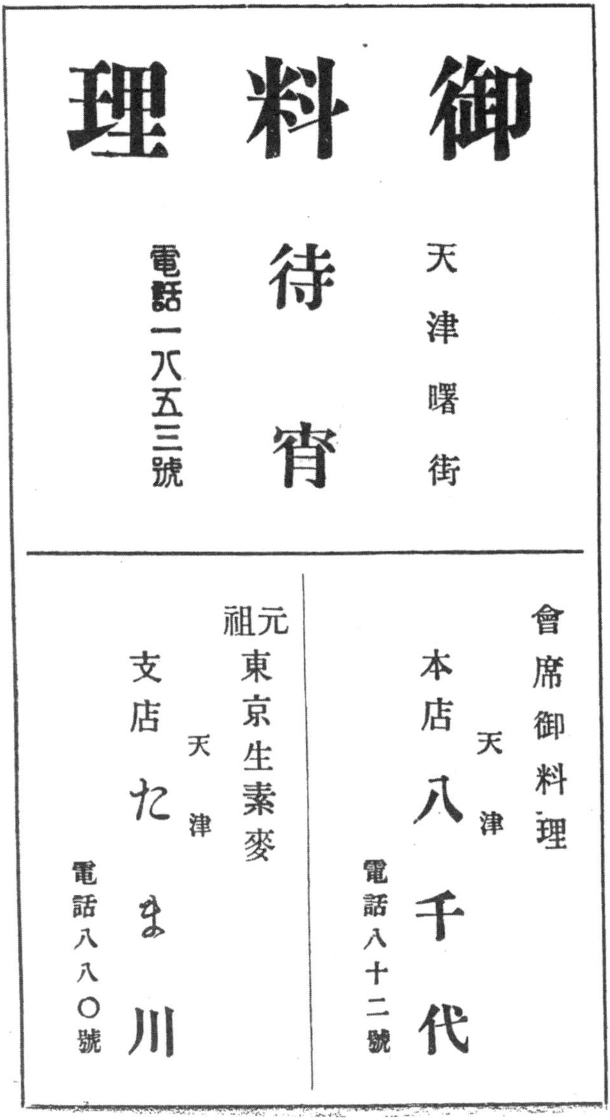
御料理
天津曙街
待宵
電話一八五三號
會席御料理
本店　八千代
天津
電話八十二號
元祖
東京生素麥
支店　たま川
天津
電話八八〇號

饭店广告。

會席御料理

菊家

天津曙街

電話二二八號

御料理

伊丹幸

天津曙街

電話三四〇號

饭店广告。

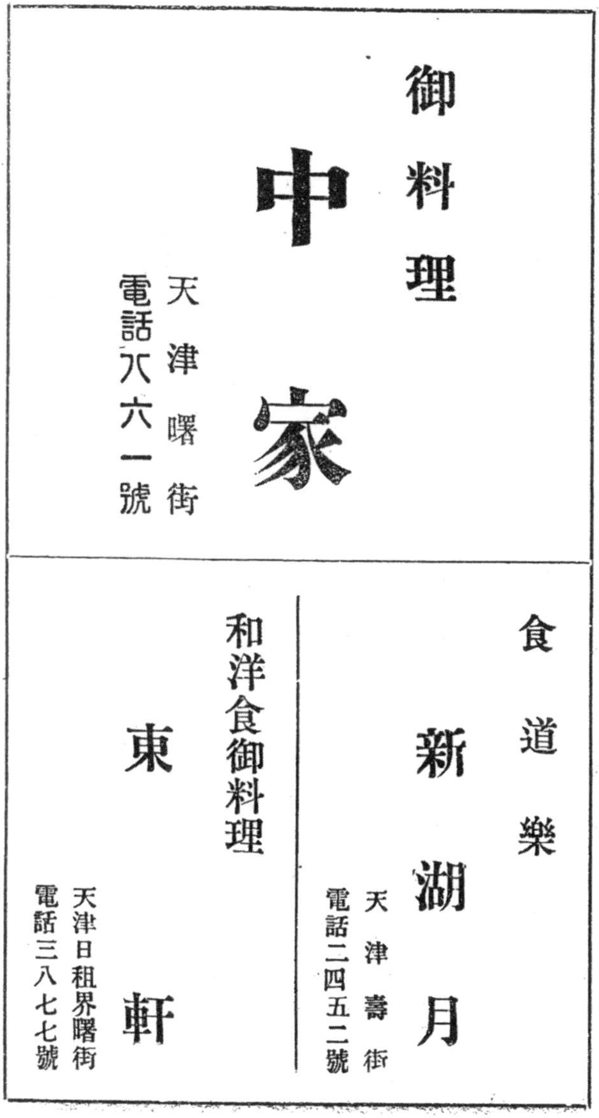
御料理
中家
天津曙街
電話八六一號
食道樂
新湖月
天津壽街
電話二四五二號
和洋食御料理
東軒
天津日租界曙街
電話三八七七號

饭店广告。

會席御料理

葉奈家

天津曙街

電話二四四三號

會席御料理

魚新

天津日界曙街

電話二六一〇號

饭店广告。

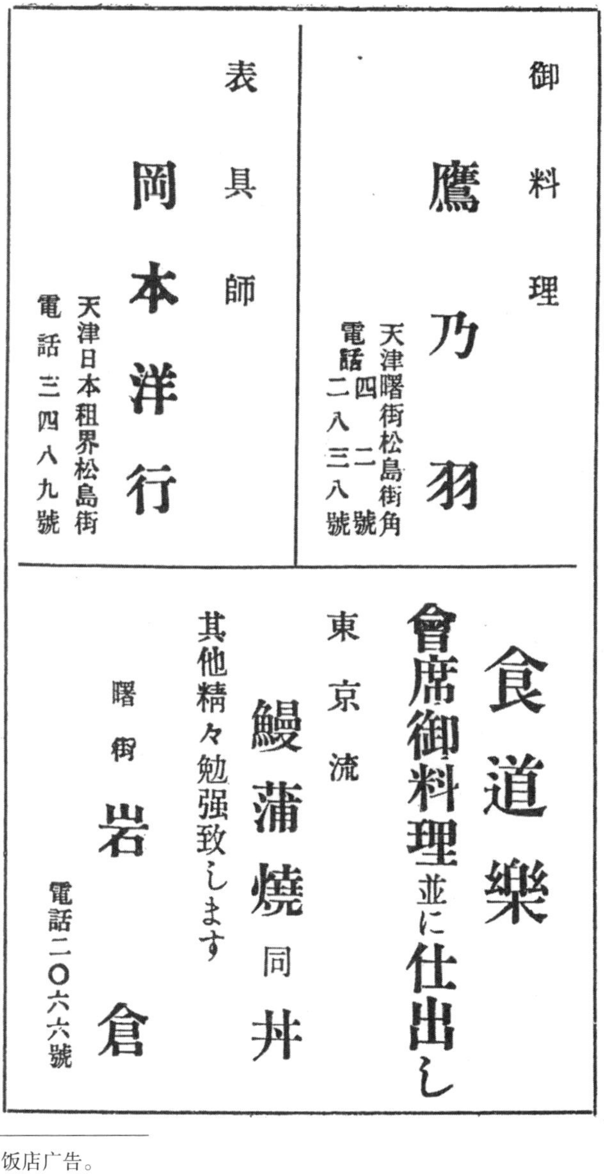
御料理
鷹乃羽
天津曙街松島街角
電話四二號
二八三八號
表具師
岡本洋行
天津日本租界松島街
電話三四八九號
食道樂
會席御料理並に仕出し
東京流
鰻蒲燒
同
丼
其他精々勉强致します
曙街
岩倉
電話二〇六六號

饭店广告。

餐饮业、艺伎业组合事务所广告。

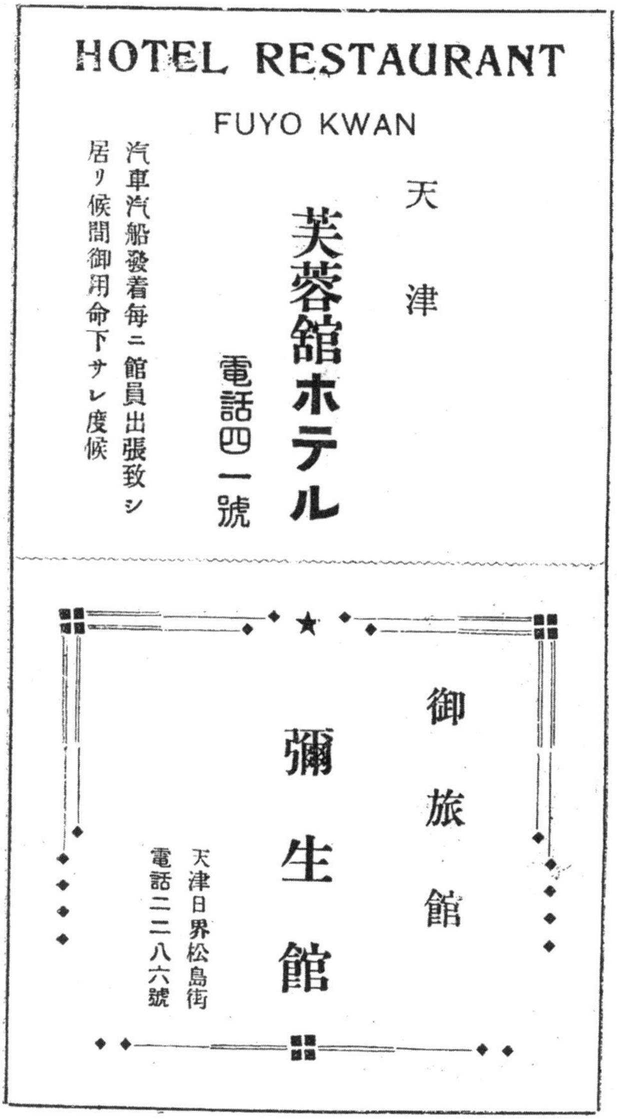
HOTEL RESTAURANT
FUYO KWAN
天津
芙蓉館ホテル
電話四一號
汽車汽船發着每ニ館員出張致シ
居リ候間御用命下サレ度候
御旅館
彌生館
天津日界松島街
電話二二八六號

酒店广告、旅馆广告。

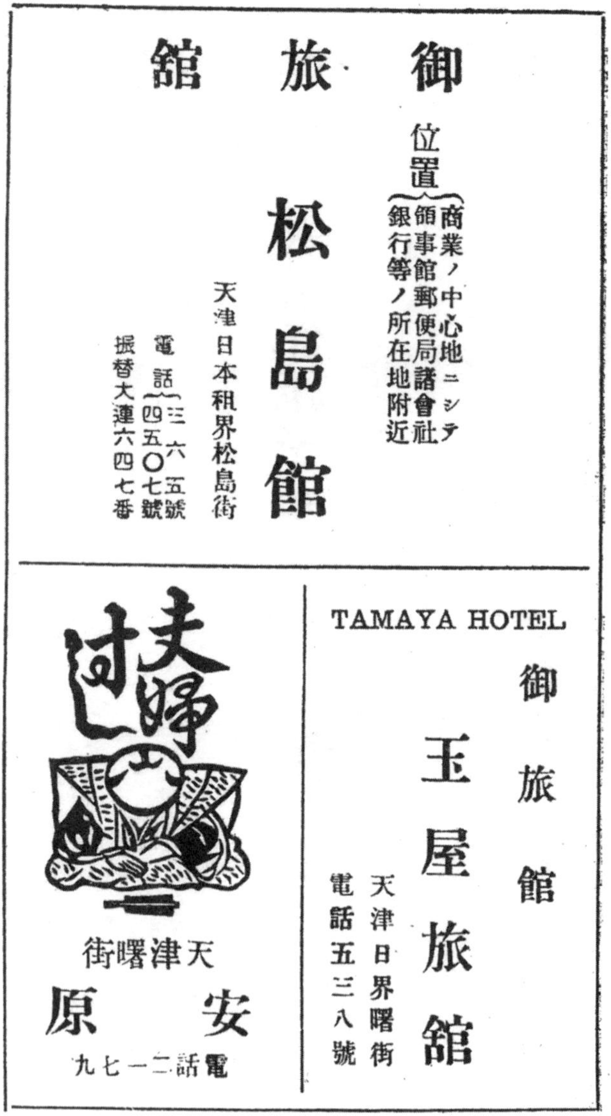

御旅館
位置 商業ノ中心地ニシテ 領事館郵便局諸會社 銀行等ノ所在地附近
松島館
天津日本租界松島街
電話 三六五號 四五〇七號
振替大連六四七番
TAMAYA HOTEL
御旅館
玉屋旅館
天津日界曙街
電話五三八號
天津曙街
安原
電話二一七九

旅馆广告。

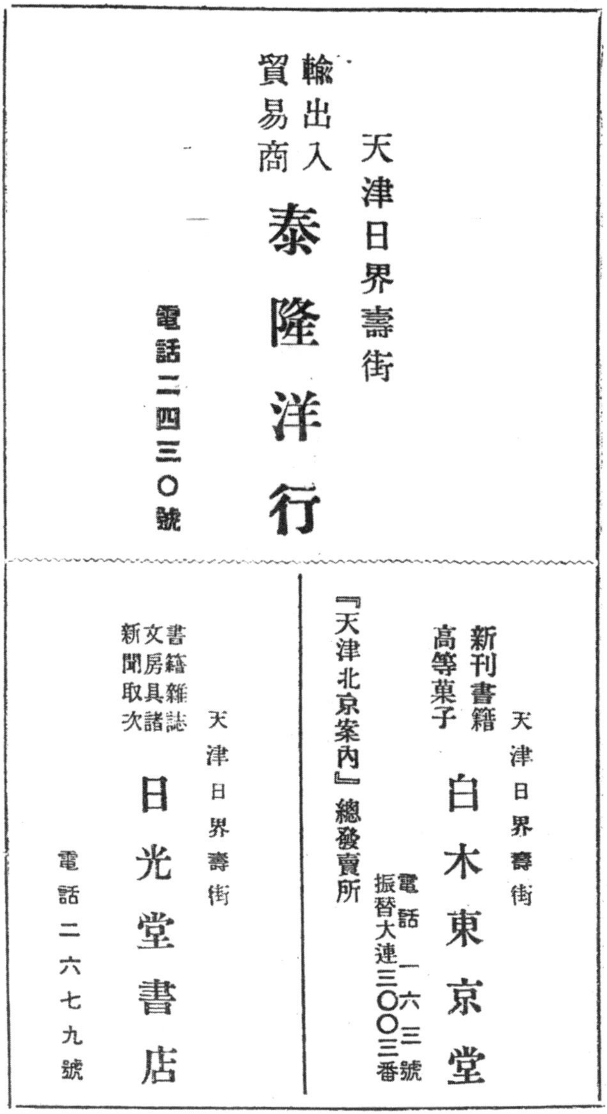

洋行广告、书店广告、杂志店广告。

中国产品进出口公司广告。

The Best and Largest

SELECTION OF

Cigarettes, Cigars, Tobacco

AND

SMOKERS SUNDRIES

ALWAYS IN STOCK

AT:

CALATIS TOBACCO ASSOCIATION

49 Rue de France, TIENTSIN 11 Hatamen Str., PEKING

從來イー、エヌ、パイシス煙公司儀御愛顧を蒙り居候處今般組織を改め且名稱をガラテス、タパコ、アツソシエシヨンと致し候間不相變御引立の程奉願上候。製品は從來と更に異る處なく且つ店員は日本語を解し候へば陸續御立寄りの程希望の至りに不堪候

パイジス煙公司改名

希臘煙公司

天津佛租界中街

電話南局二〇五號

香烟公司广告。

饭店广告、理发店广告。

饭店广告。

天津
常盤ホテル
電話 二一〇八號
三七五〇號
電報略號 TOKIWA.
TIENTSIN.
各客室電話設備有之候
天津日本租界花園街
大和ホテル
電話
北京東單牌樓大街
扶桑
拓殖大学図書館
003949818

旅馆广告。

大正九年十二月一日印刷
大正九年十二月五日發行
大正十一年七月二十五日再版
大正十一年七月三十日發行

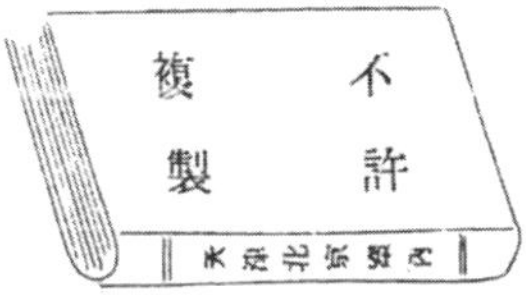

編著者　上野太忠　中国天津日本租界榮街二四號
發行者　小倉章宏　中国天津日本租界榮街二四號
印刷者　山內皓介
印刷兼發行所　天津日本租界榮街　日華公論社　電話 一一三六號 二五二三號 三四七四號 二七七二號
天津郵便局私書函三〇號　振替大阪五六二九九番
總發賣所　天津日本租界壽街　白木東京堂　電話一六三號　振替大連三〇〇三

定價銀八十仙

原书定价。